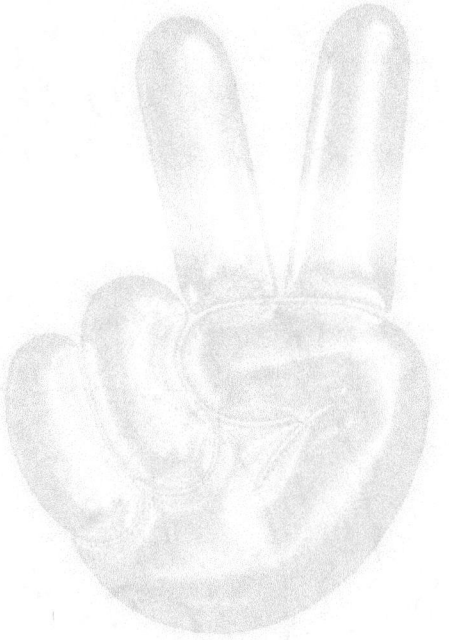

HI!
YOU are Welcome Baby

NAME..

....

....

Adorable-pengain

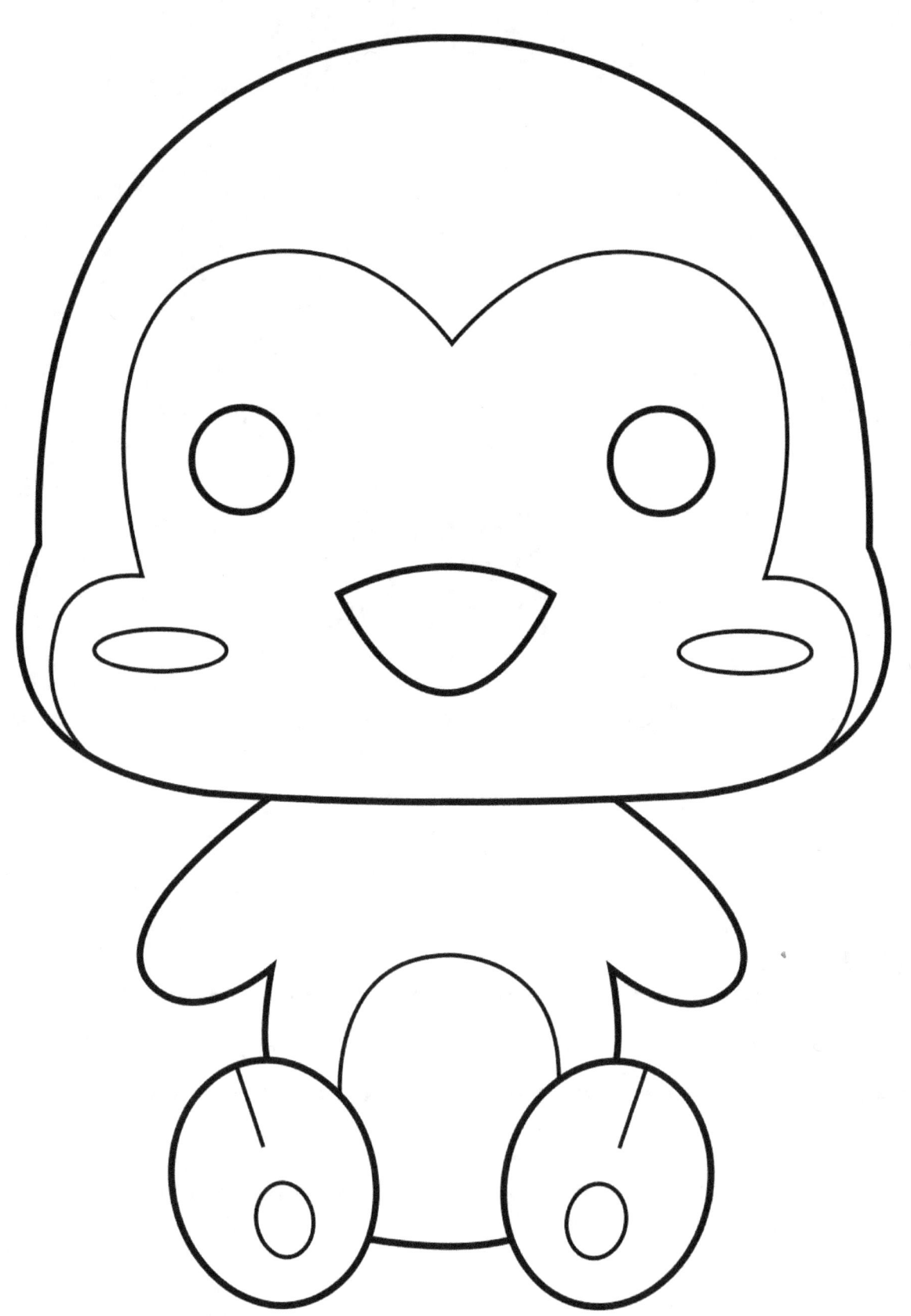

Angelfish

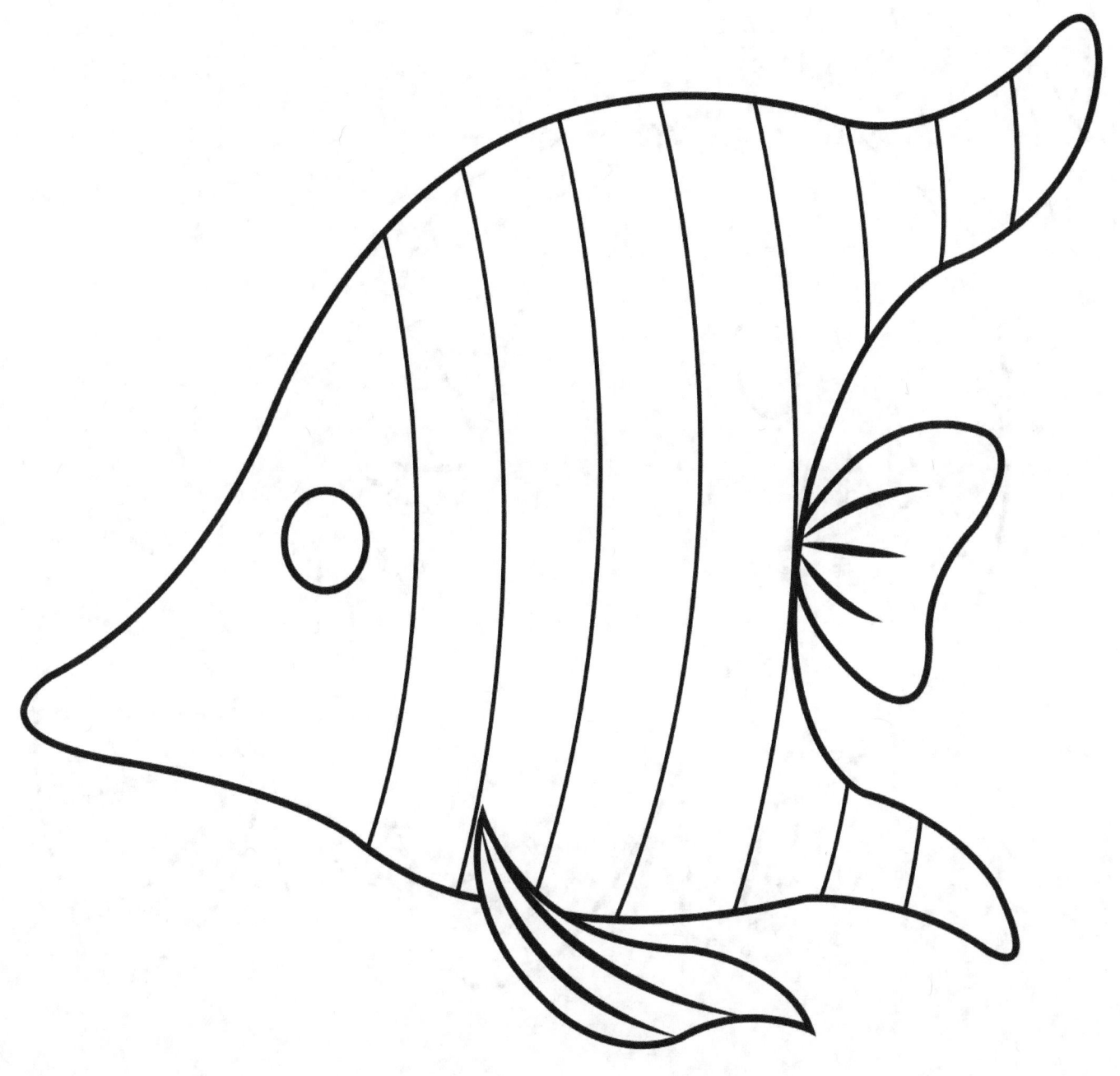

Angler - Fish

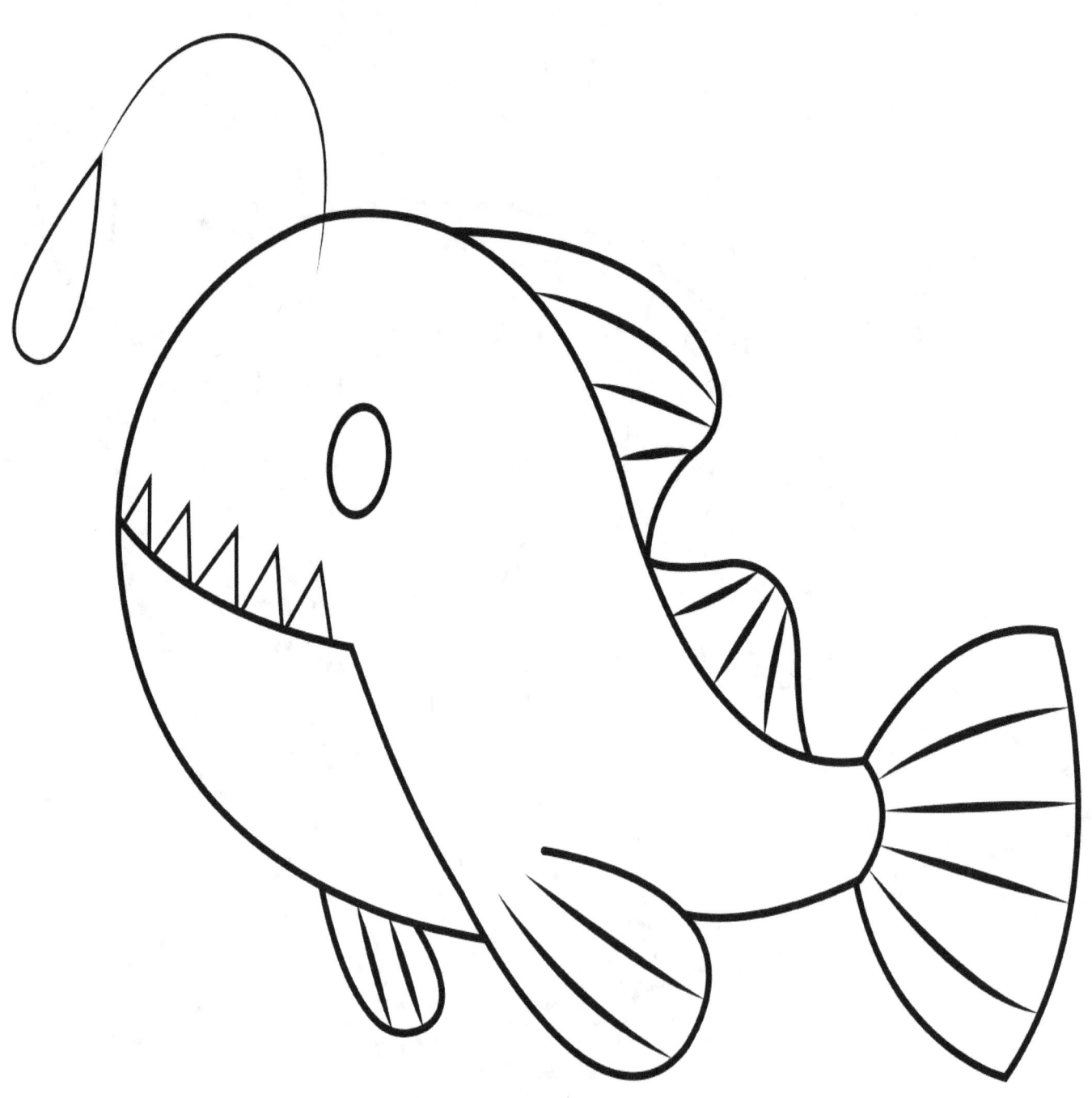

Baby- Brontosaures

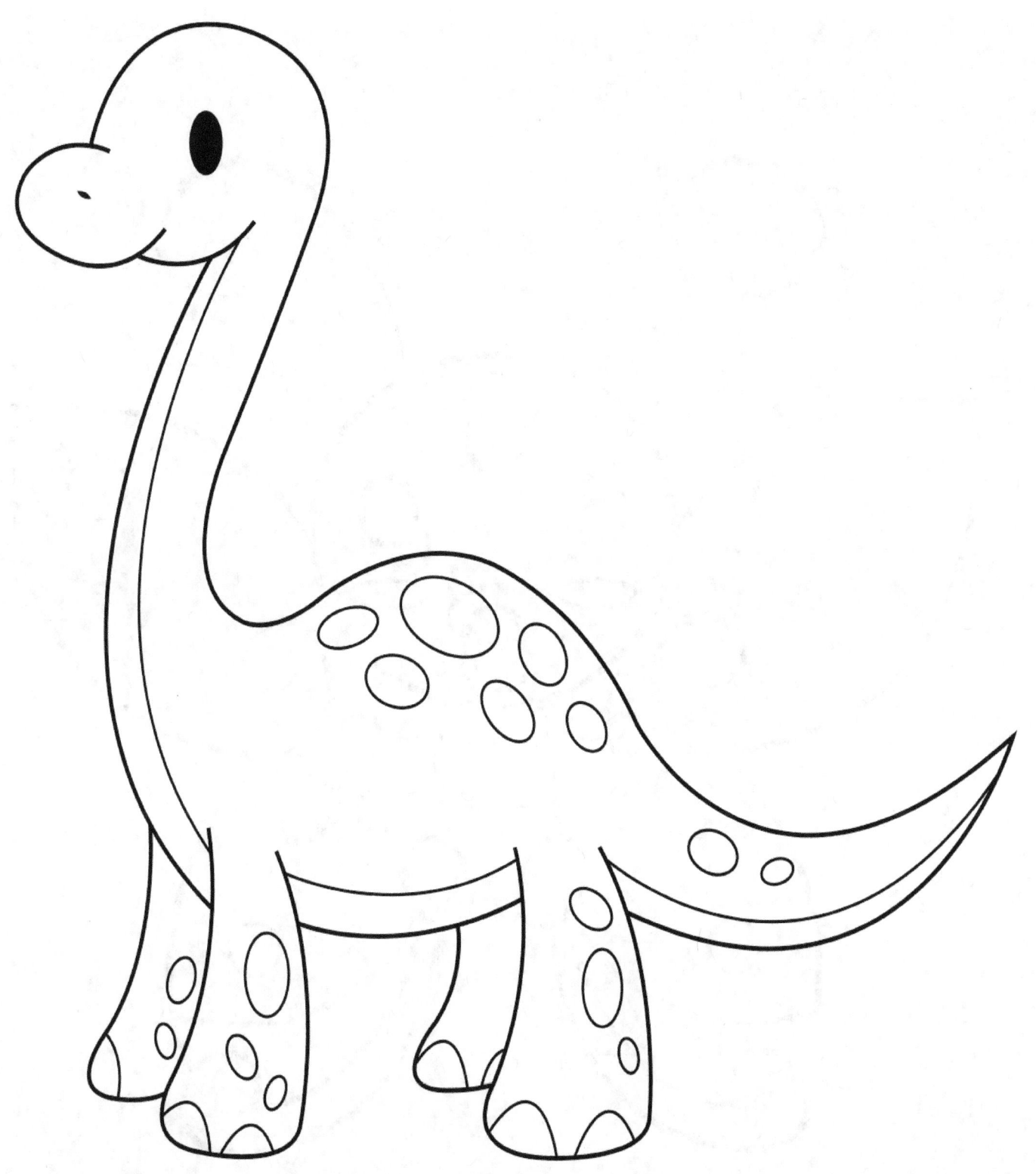

Baby - Butterful

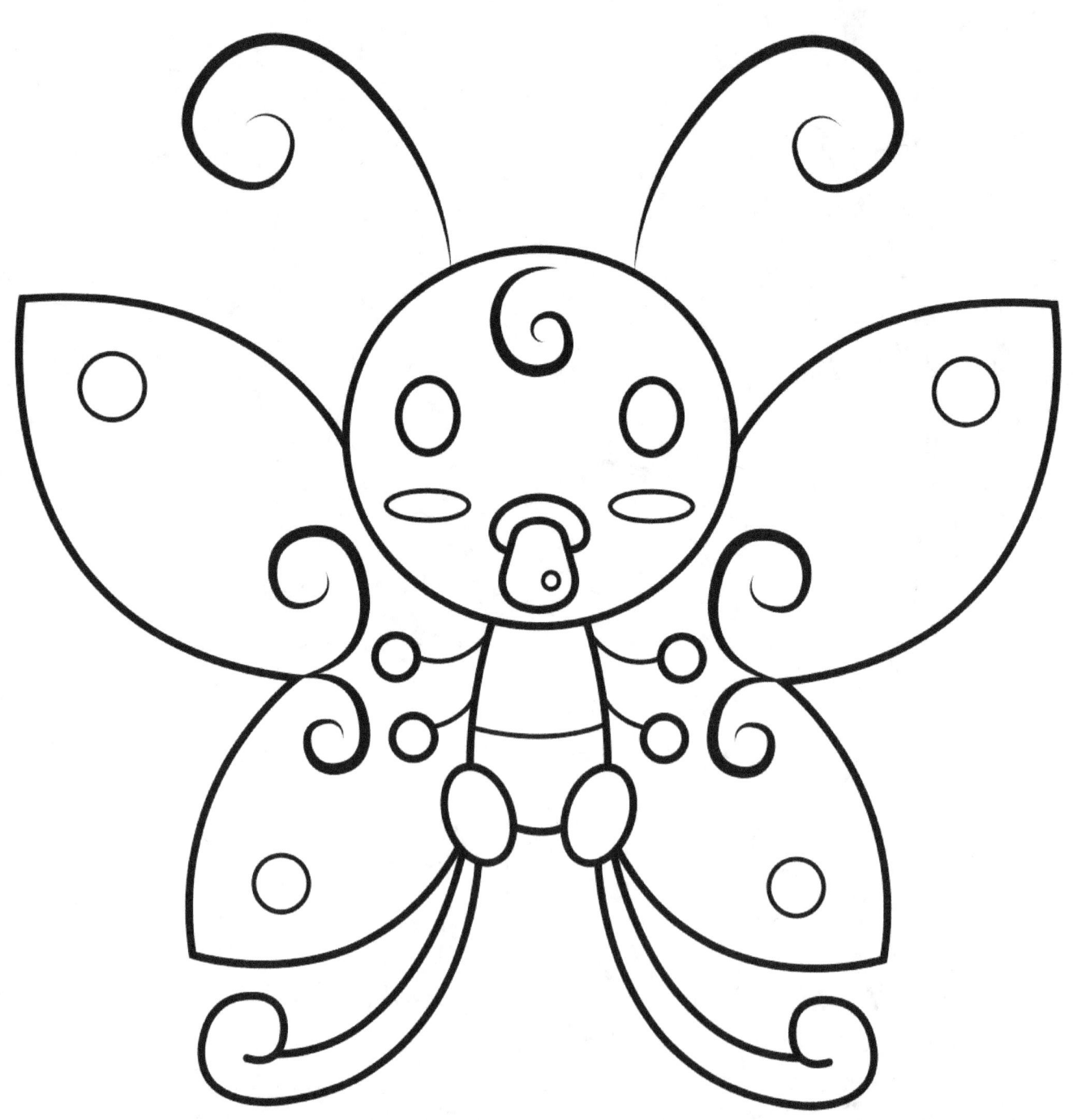

Baby - Cat

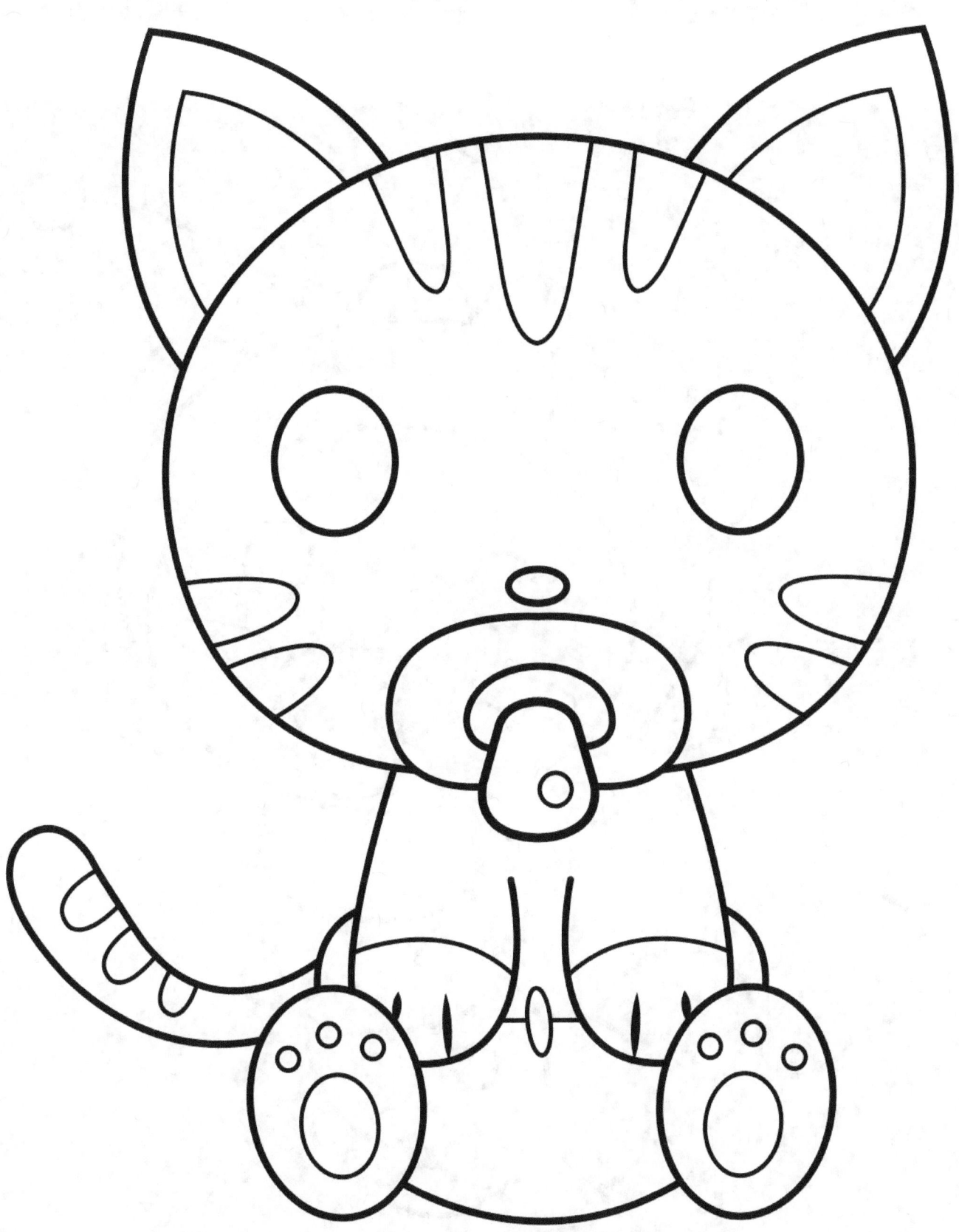

Baby - Caterpillar

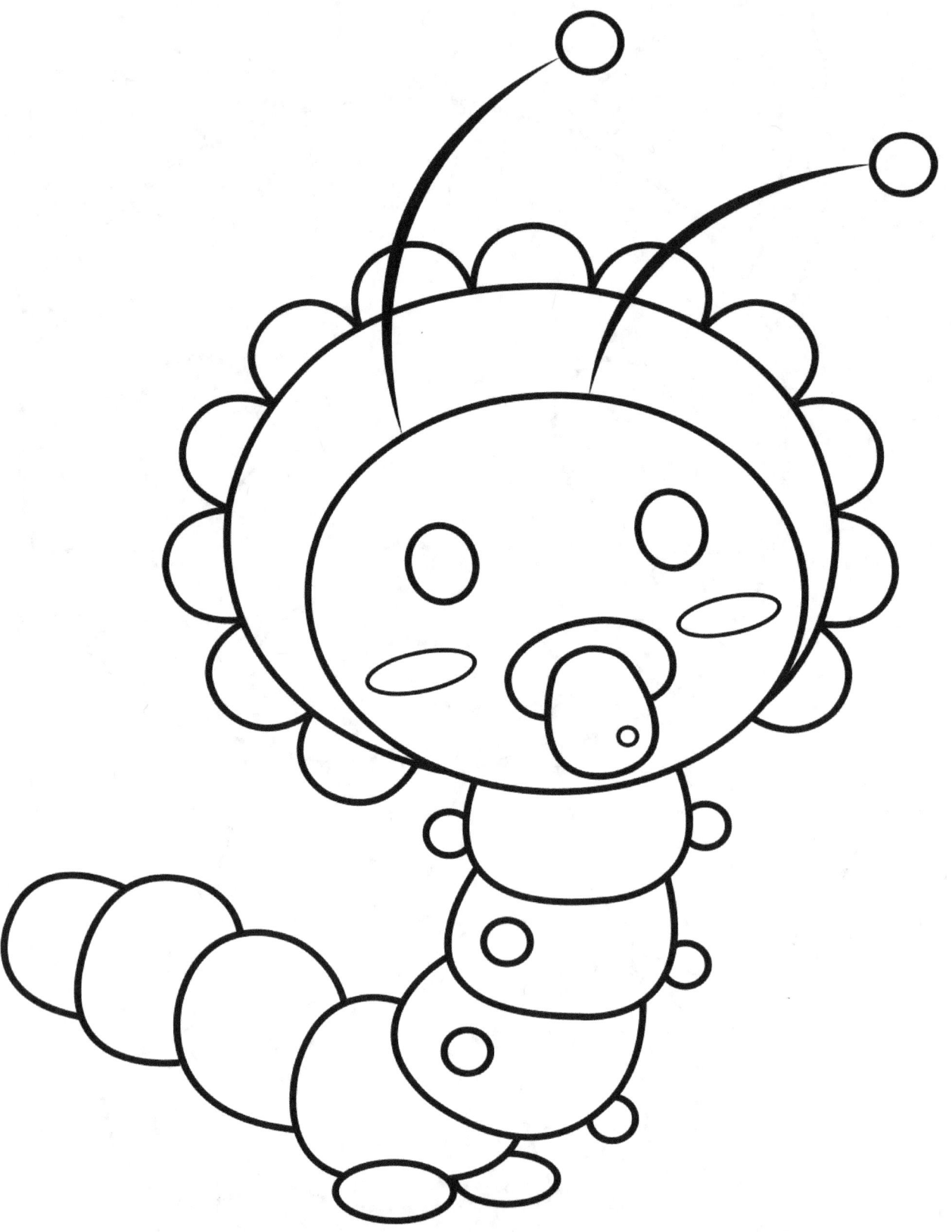

Baby - Chick

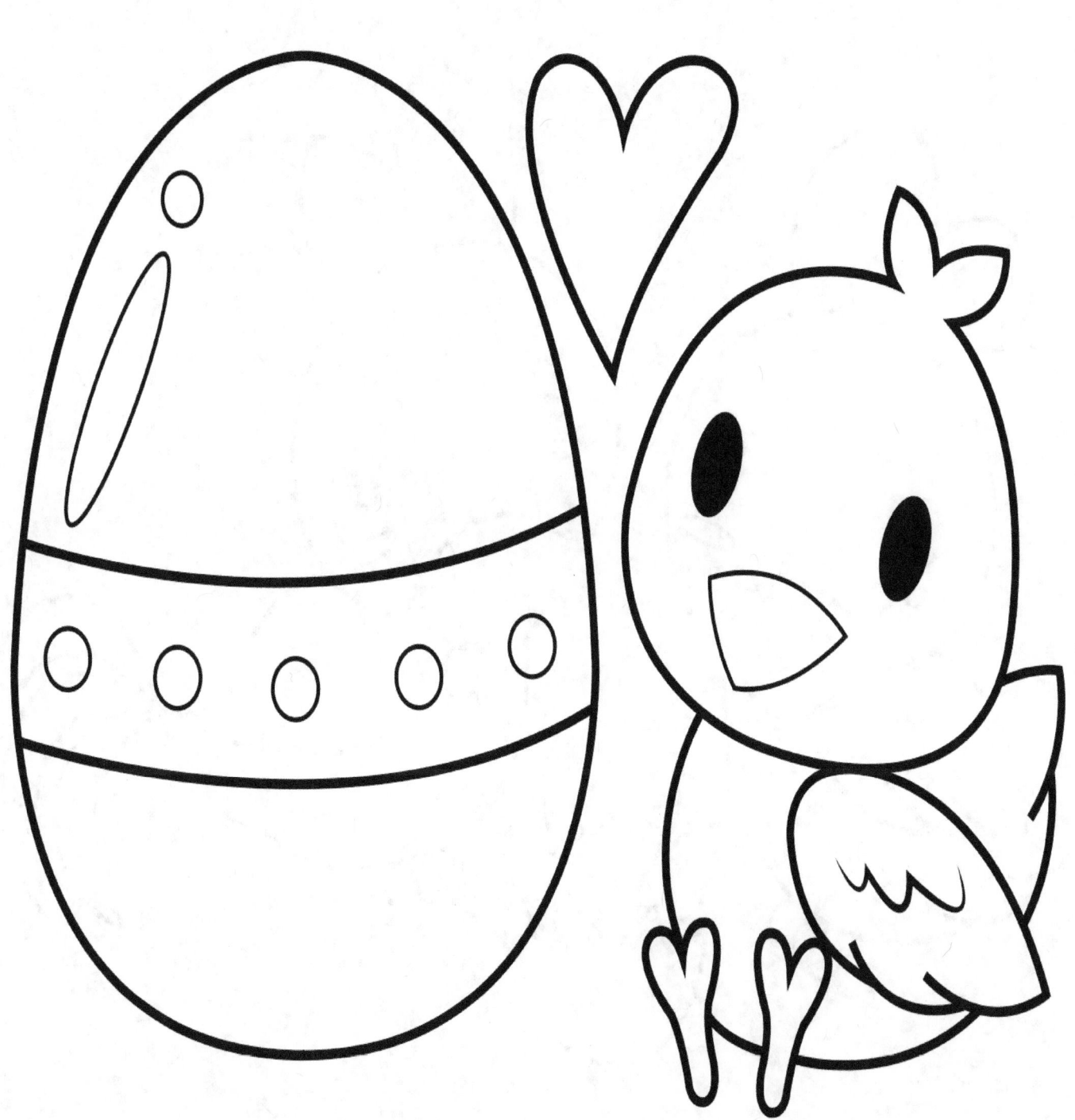

Poultry - Family

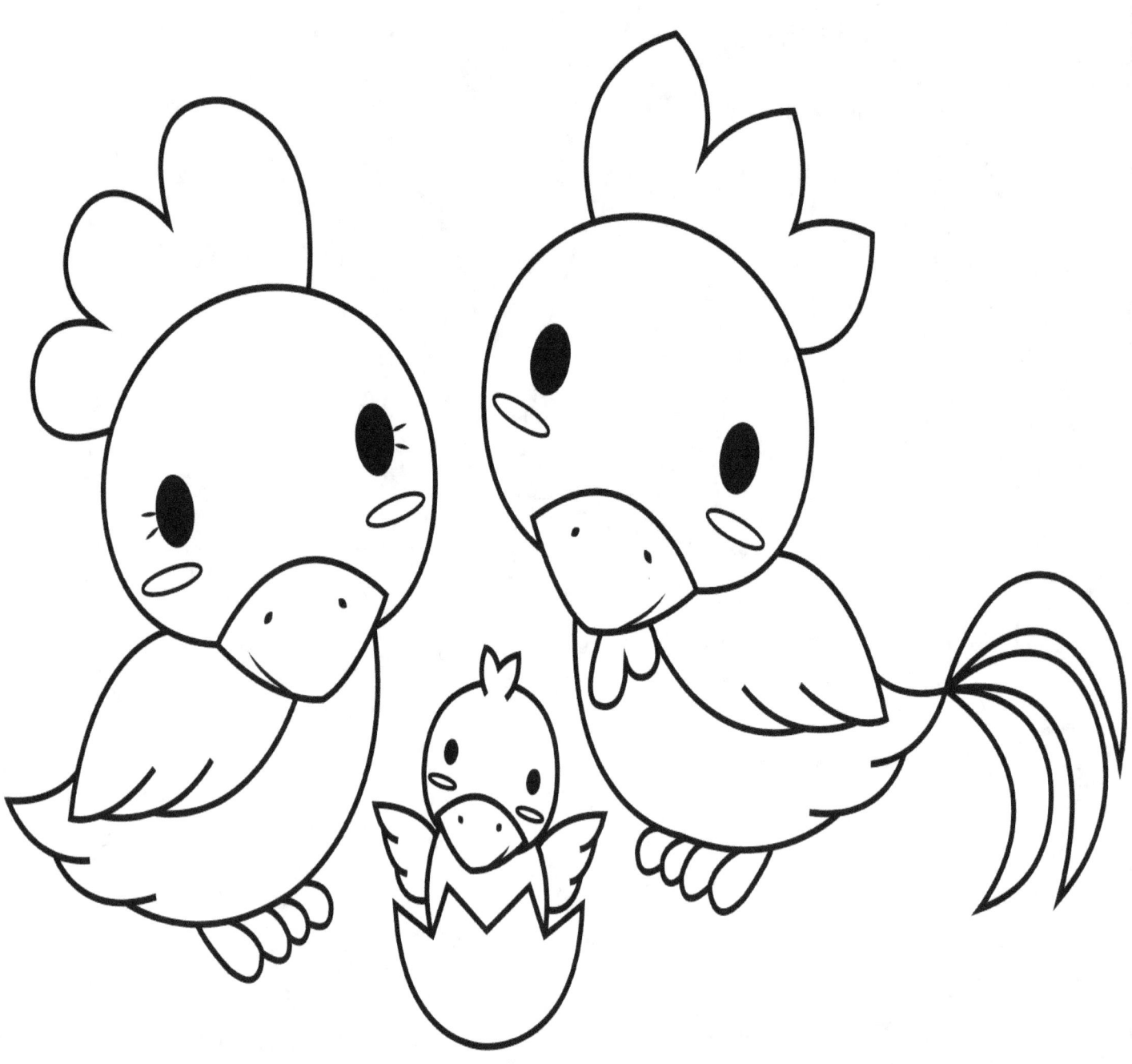

Chick

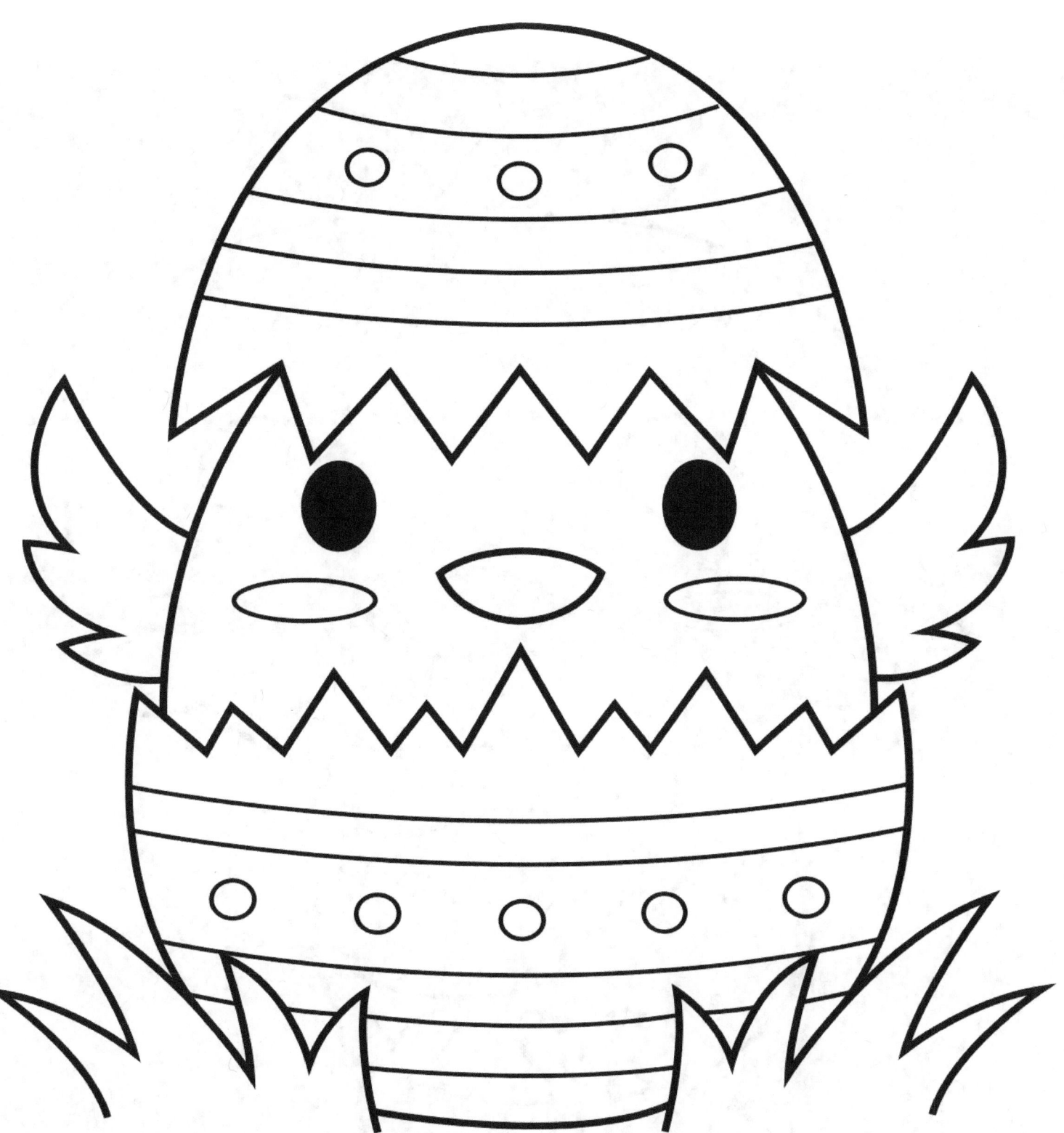

Baby - Chick

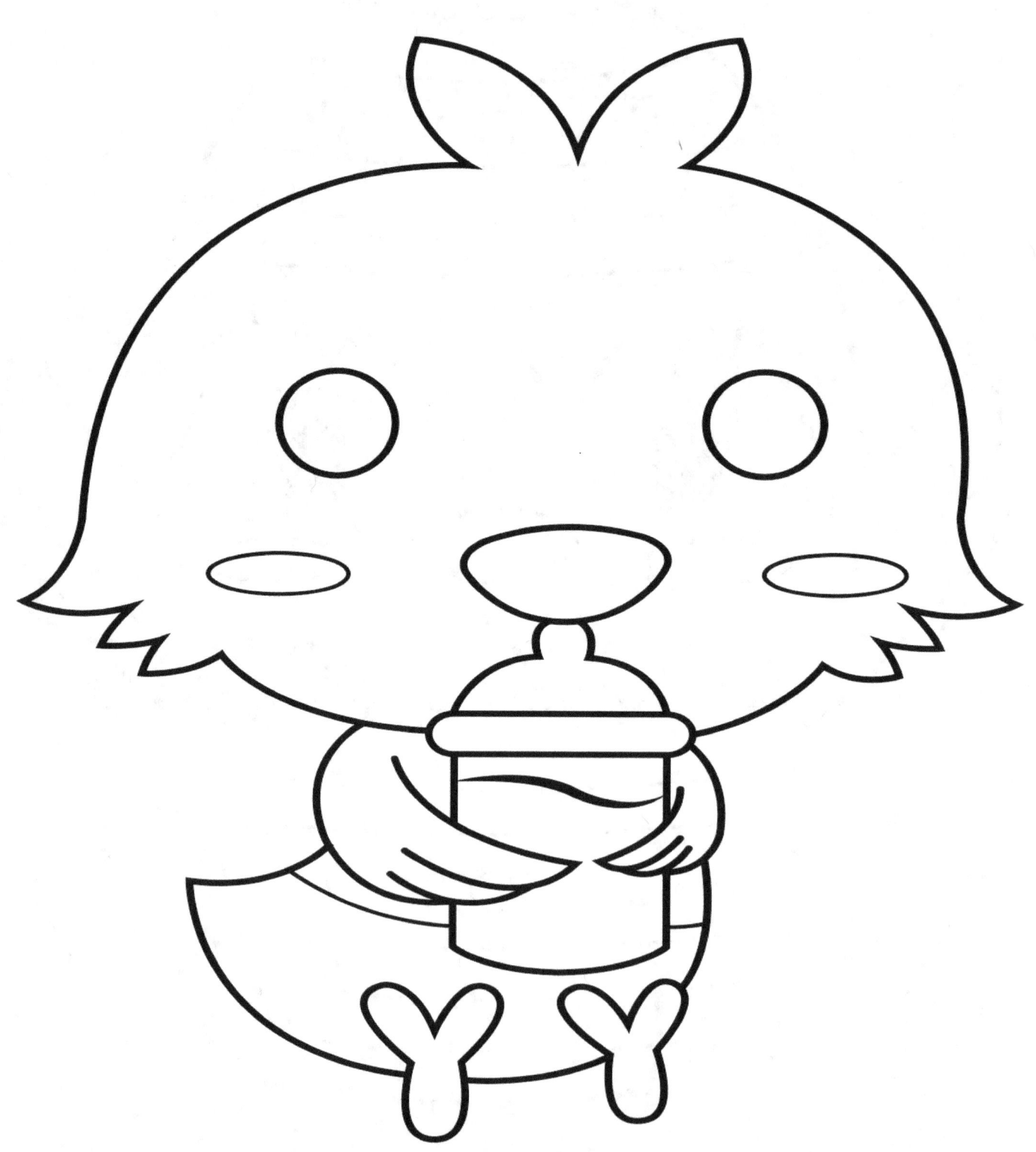

Baby - Cow

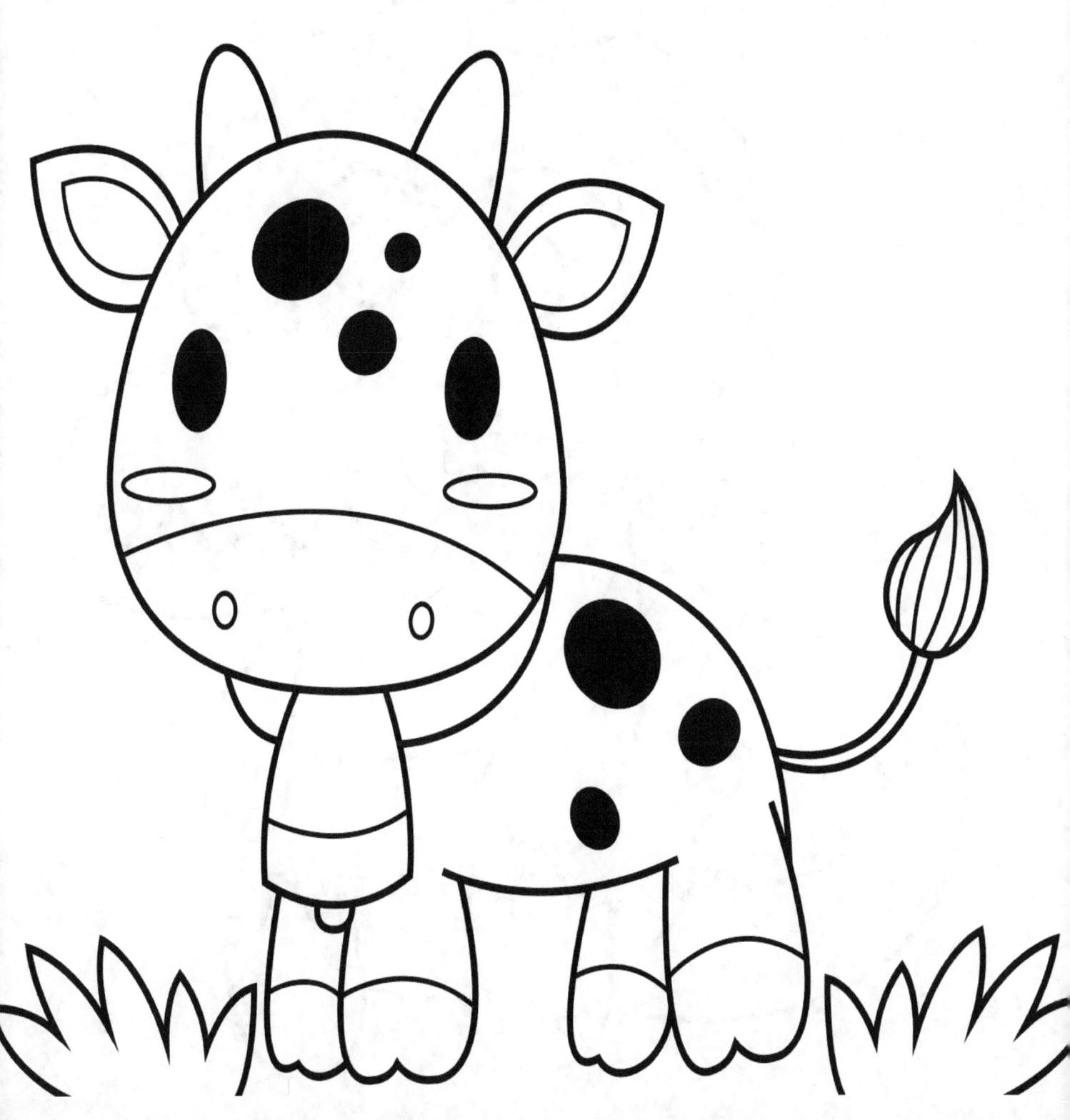

Baby - Crocodile

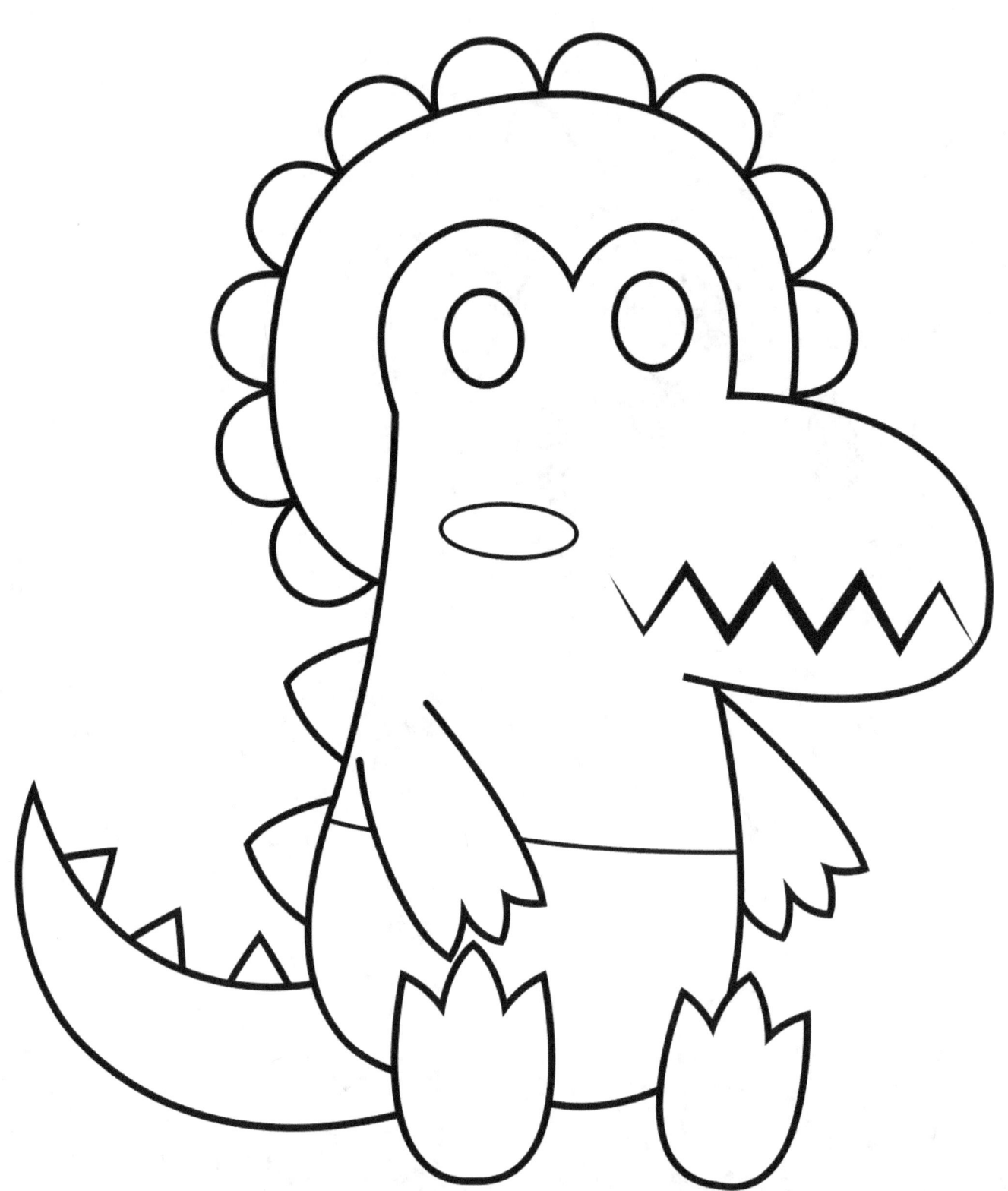

Baby - Deer

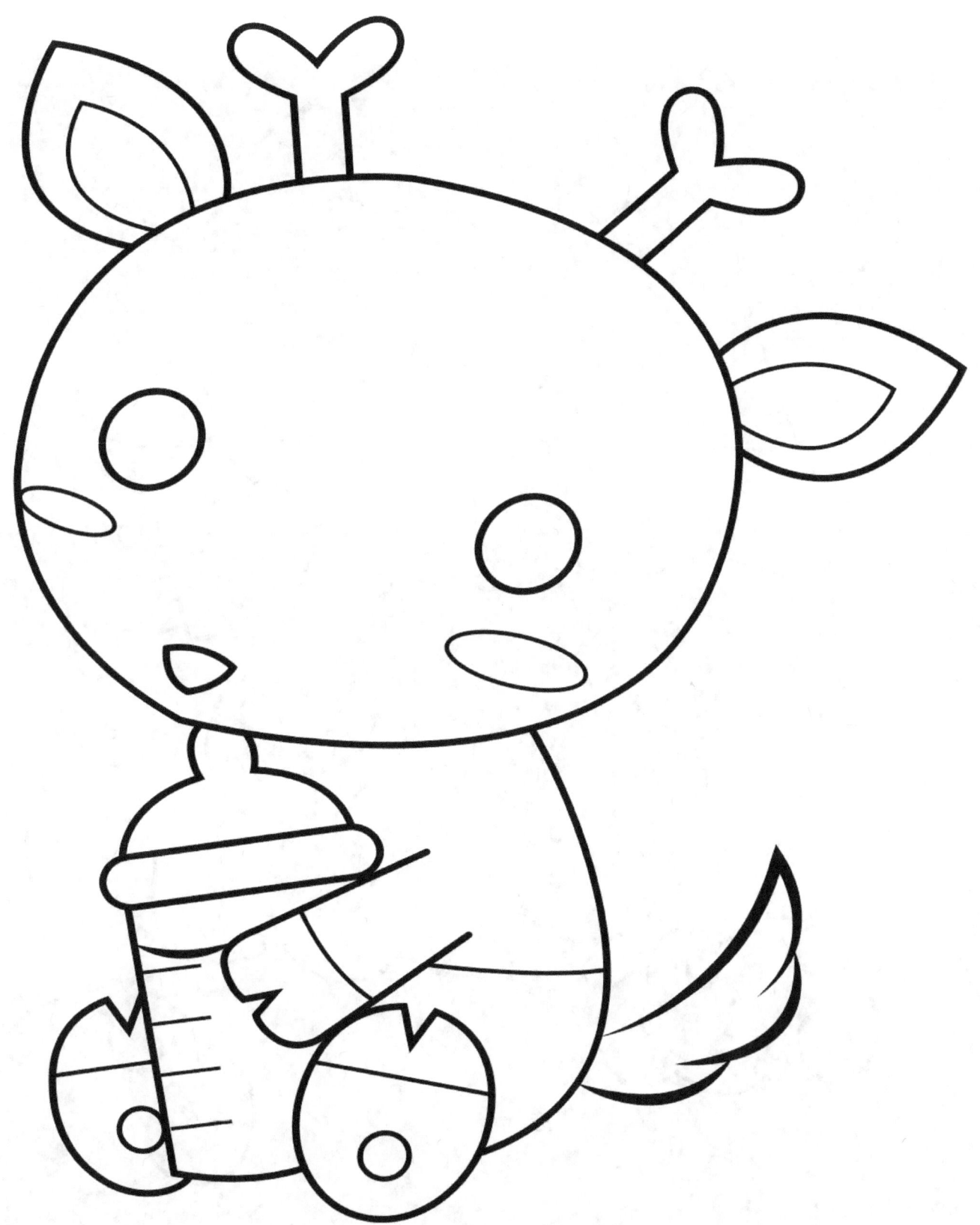

Baby - Elephant

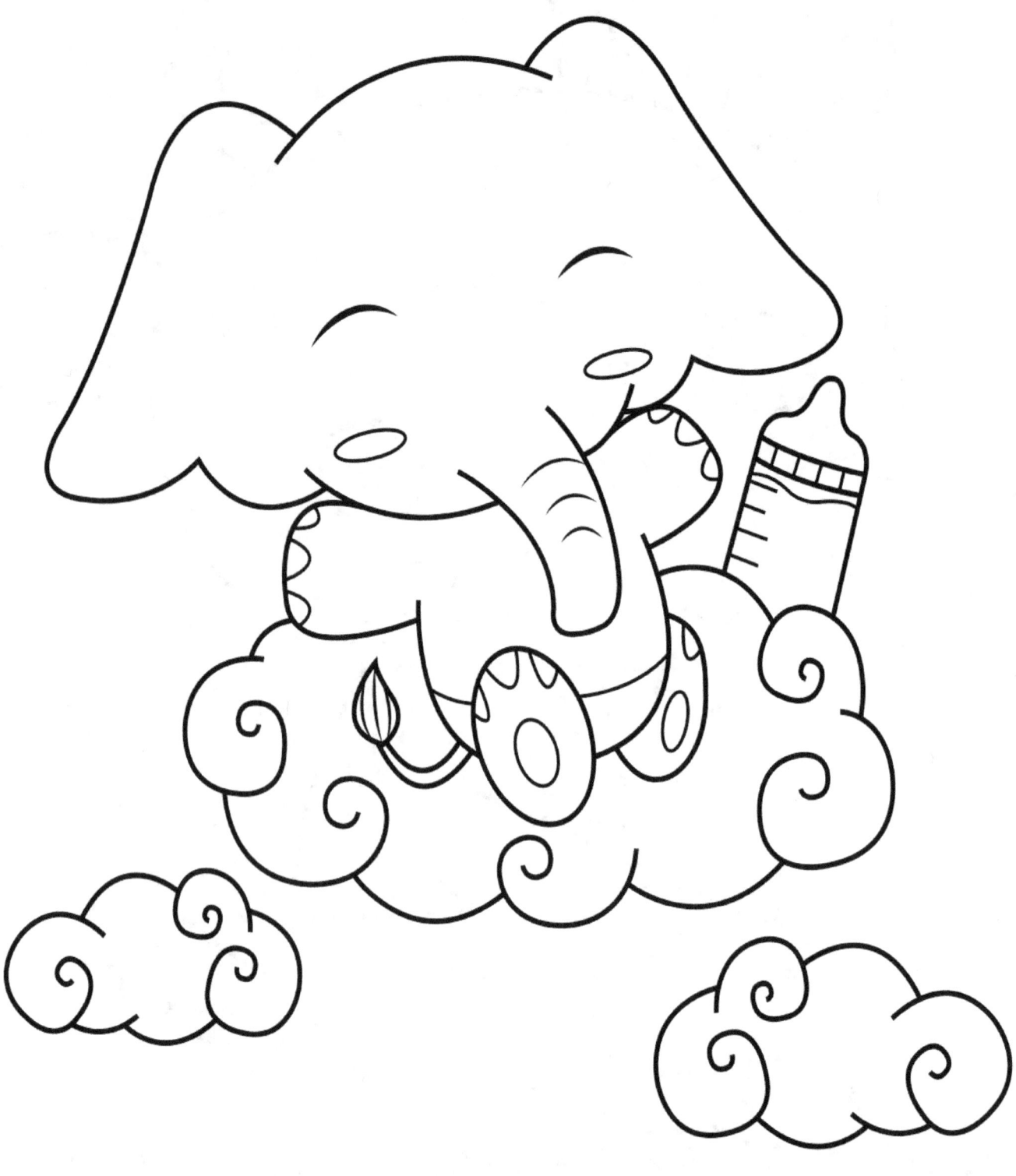

Baby - Fox

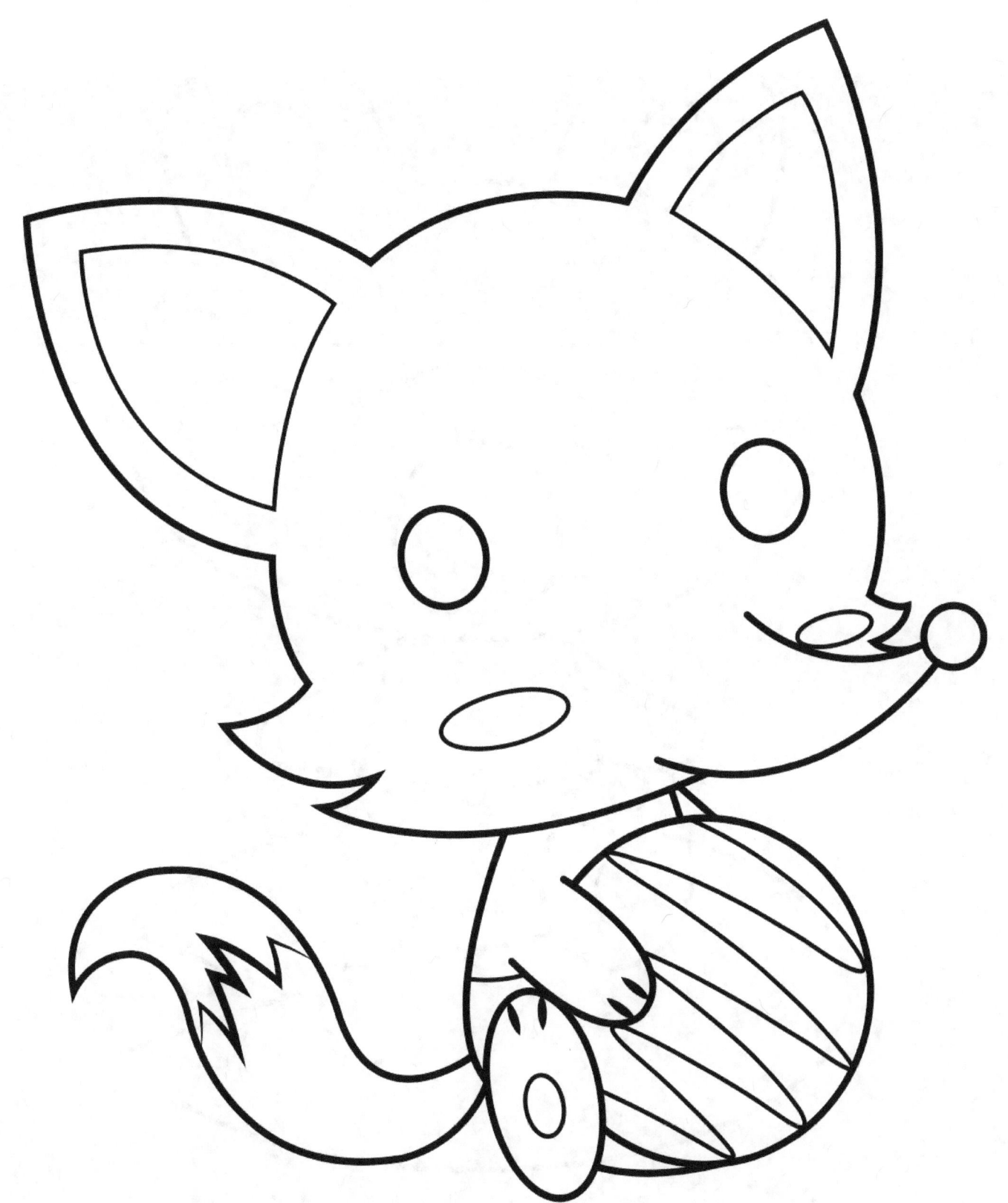

Baby - Frog

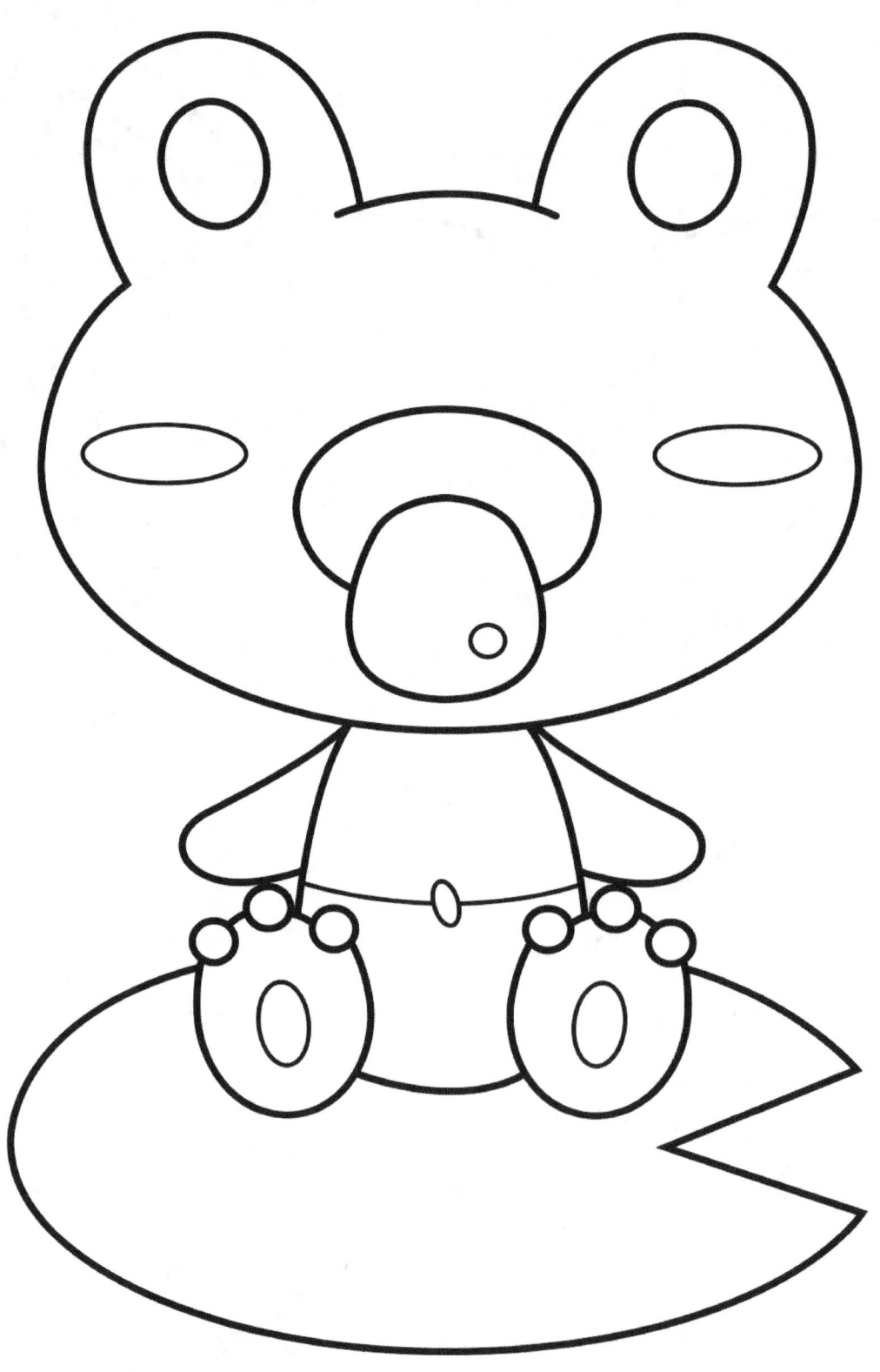

Baby - Goat

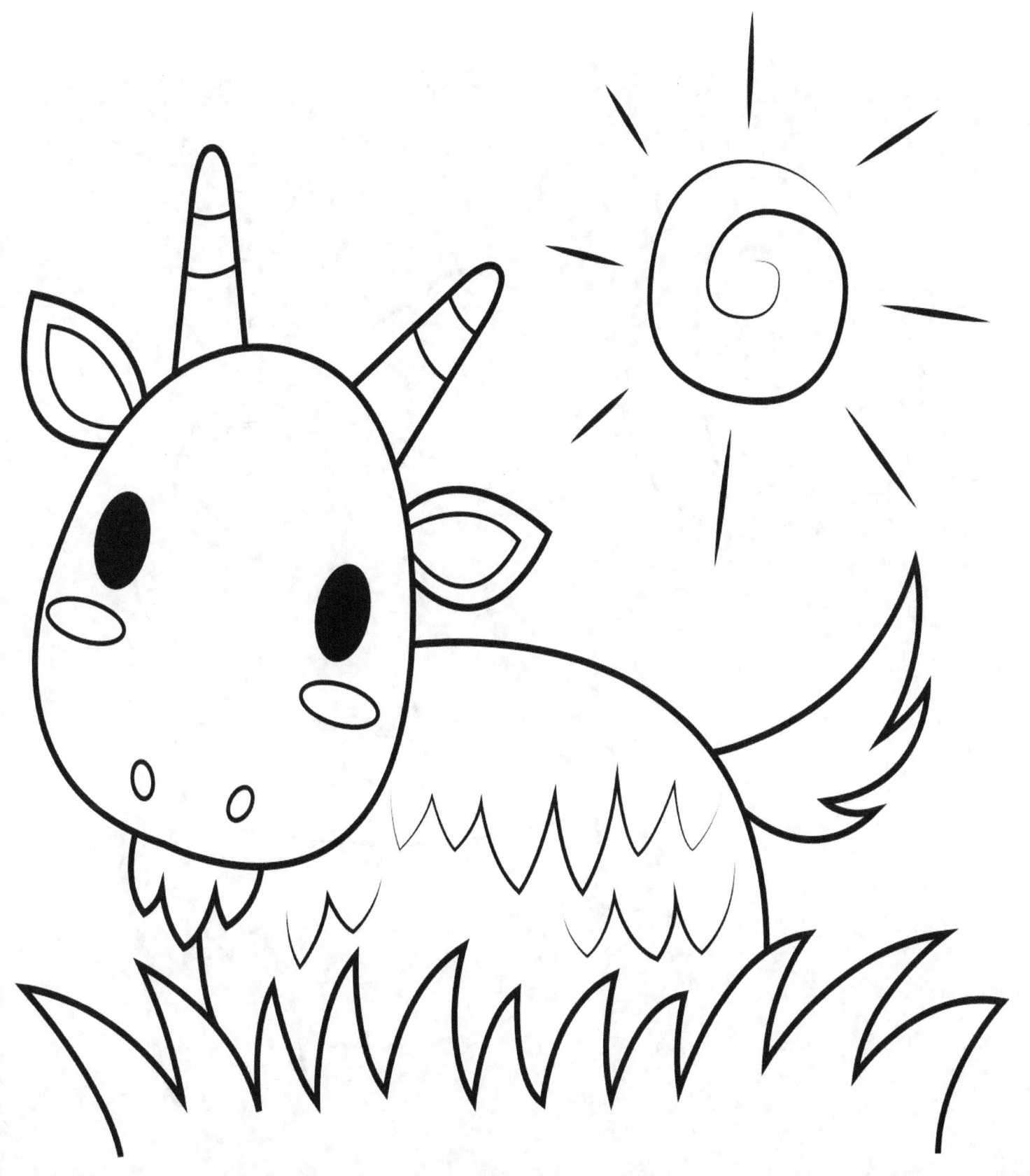

Baby - Goose

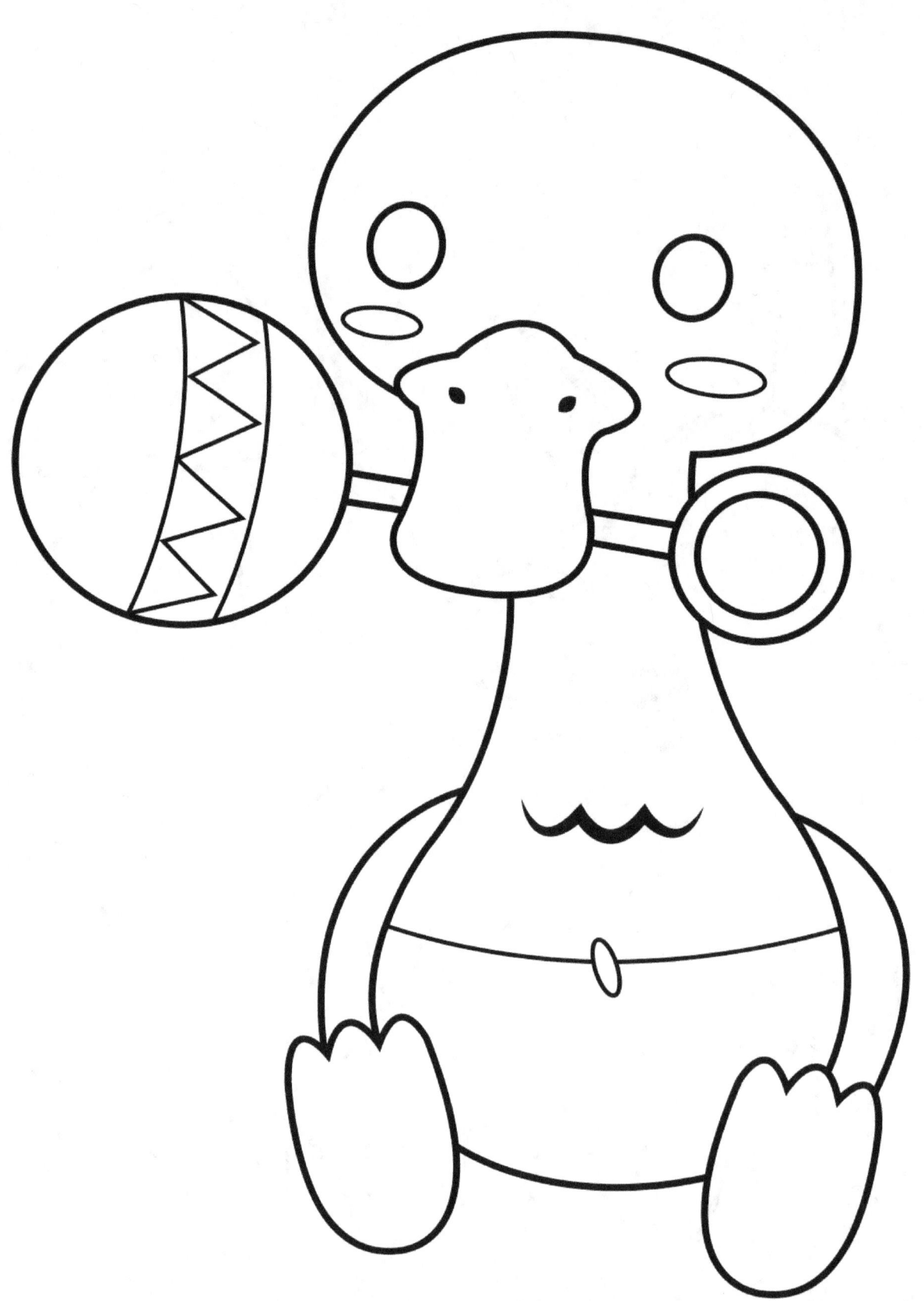

Baby - Hedgehog

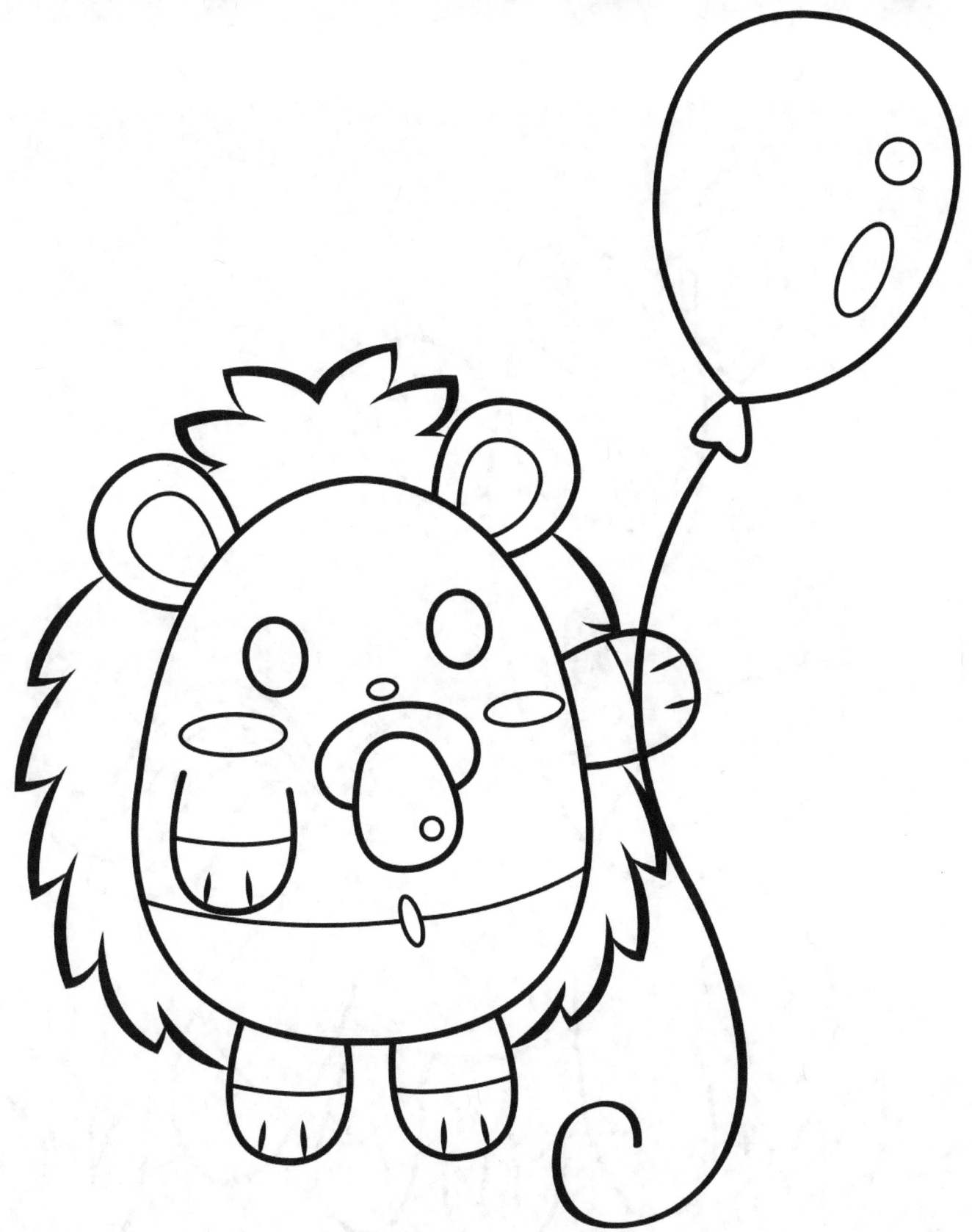

Baby - Hores

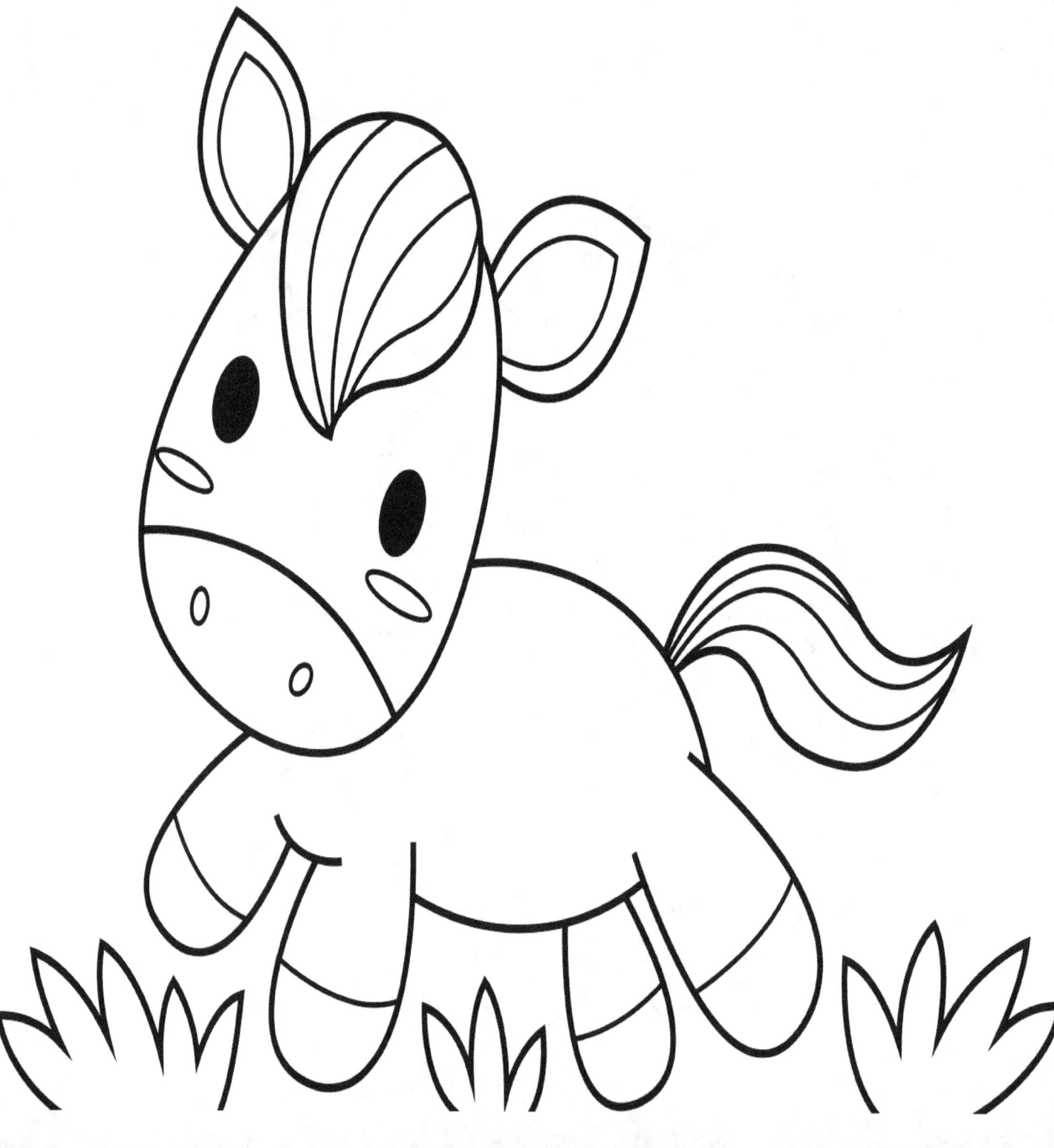

Baby - Kangaroo

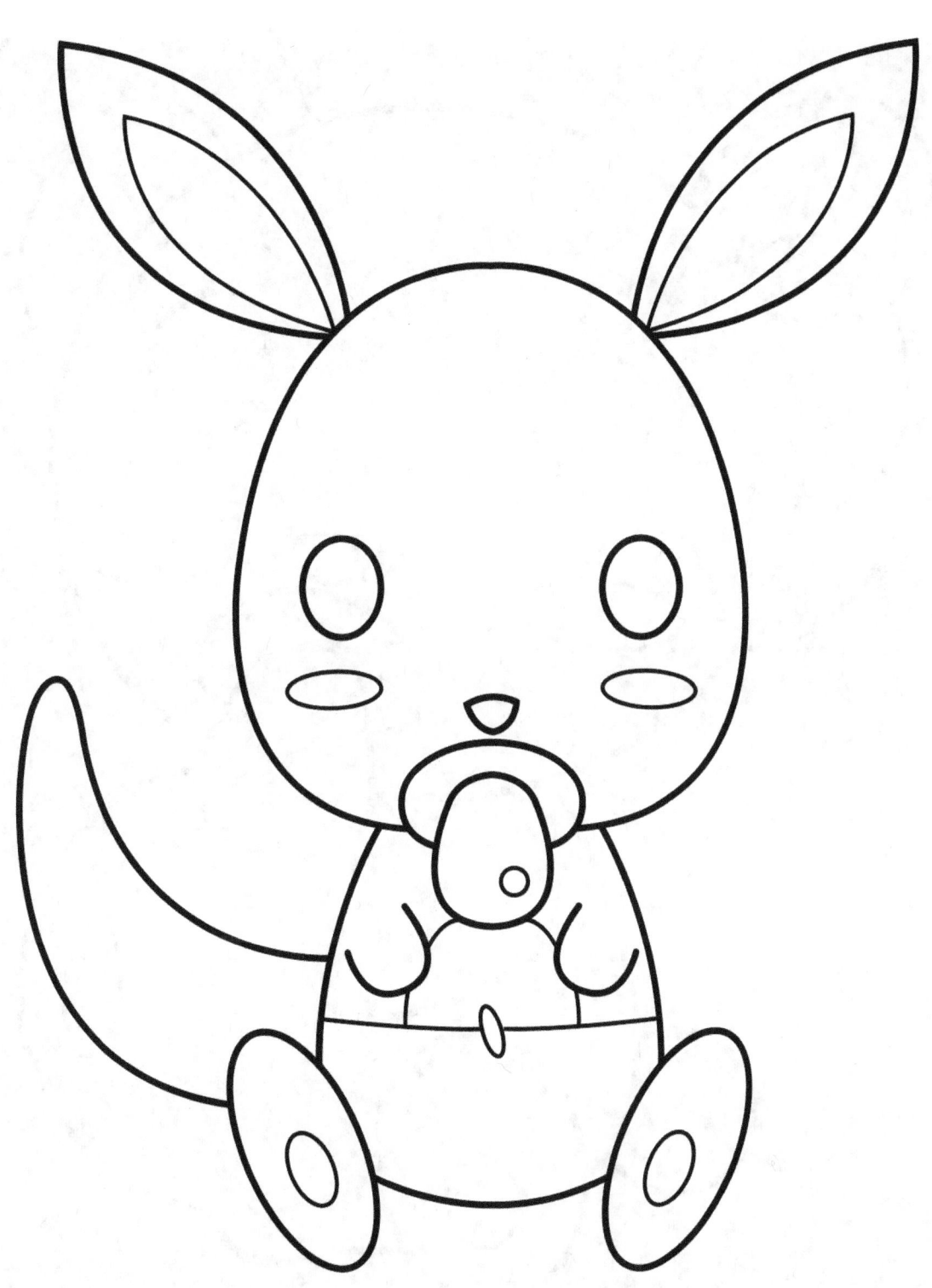

Baby - Koala

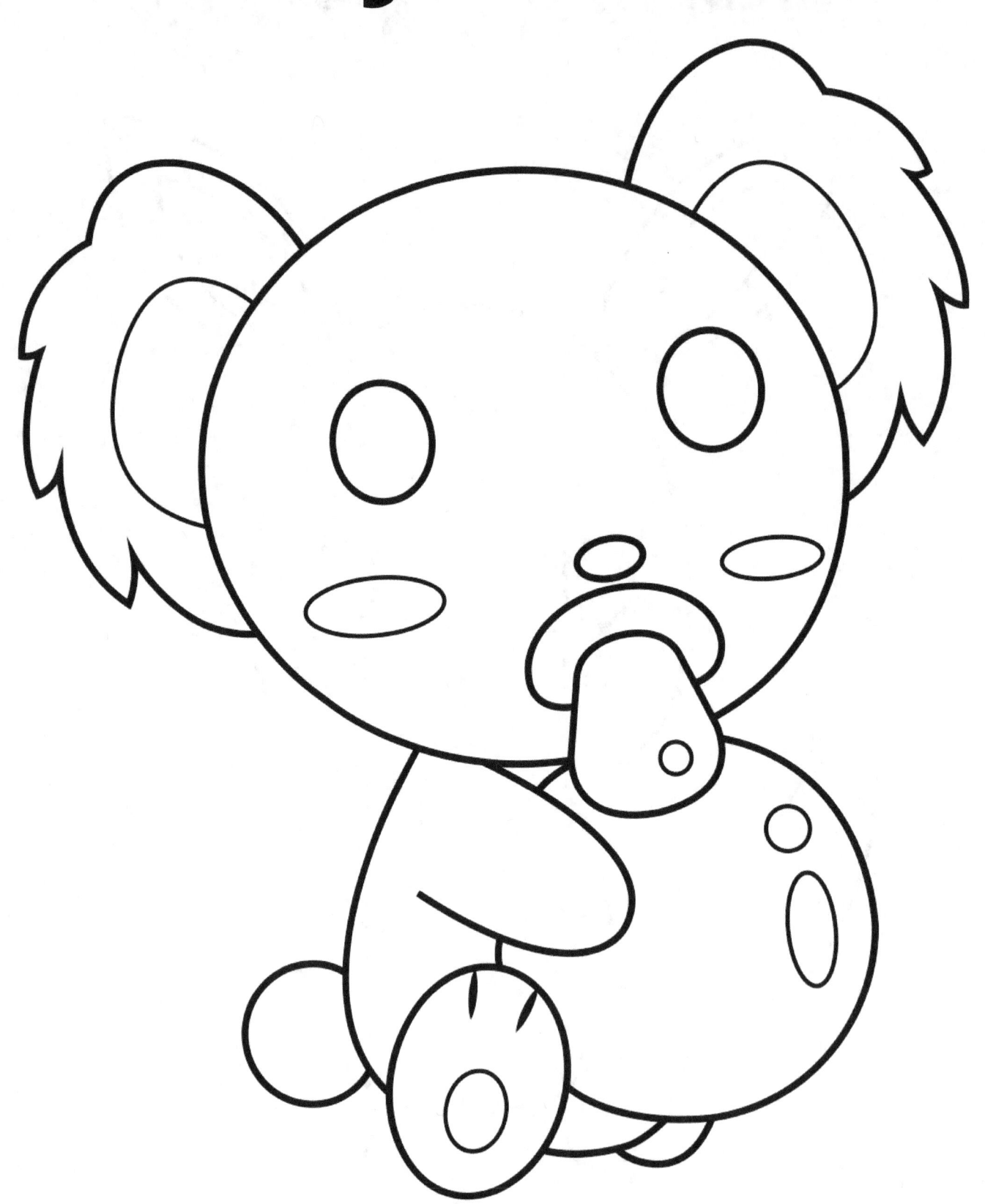

Baby - Lizard

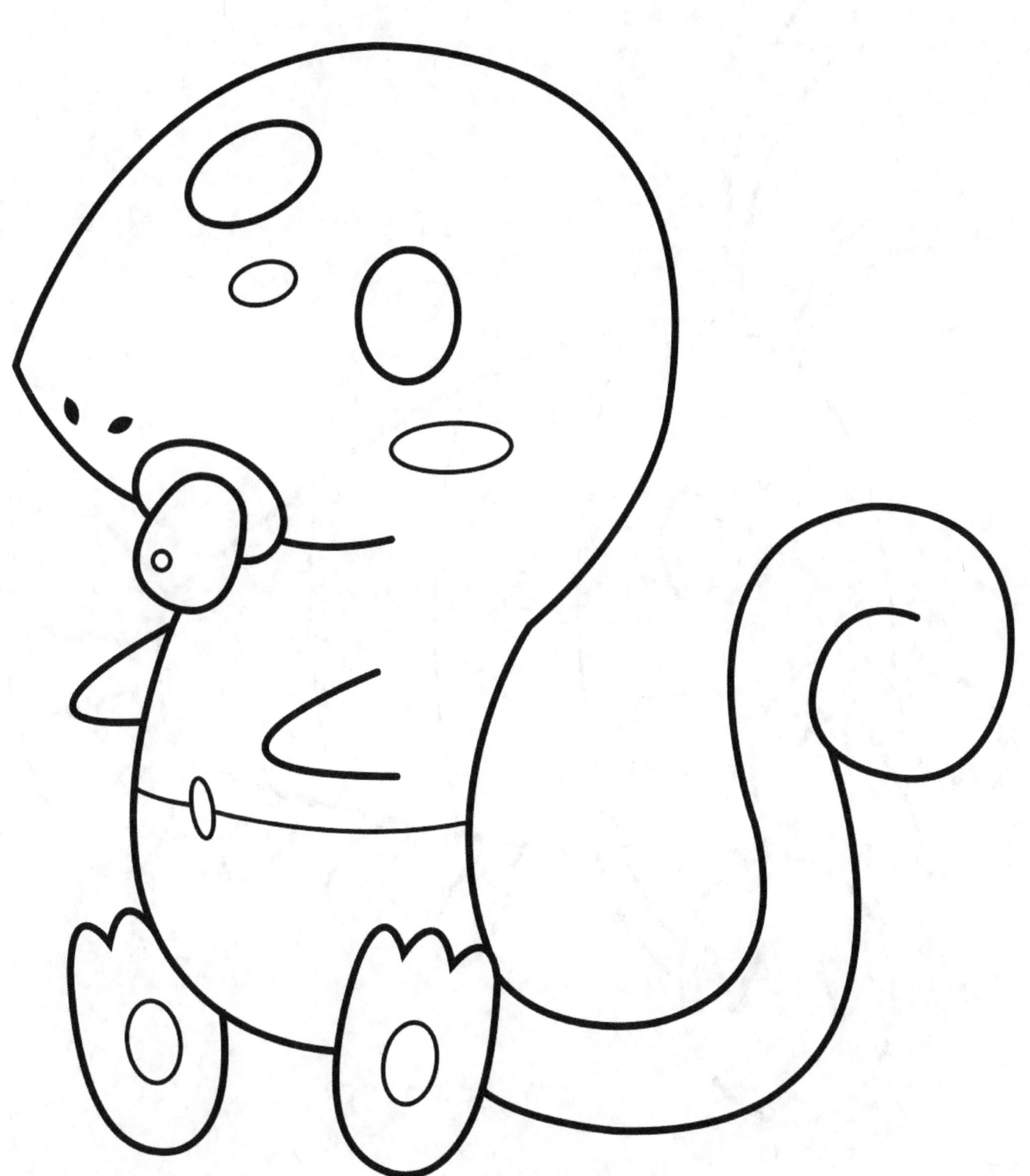

Baby - Lobster

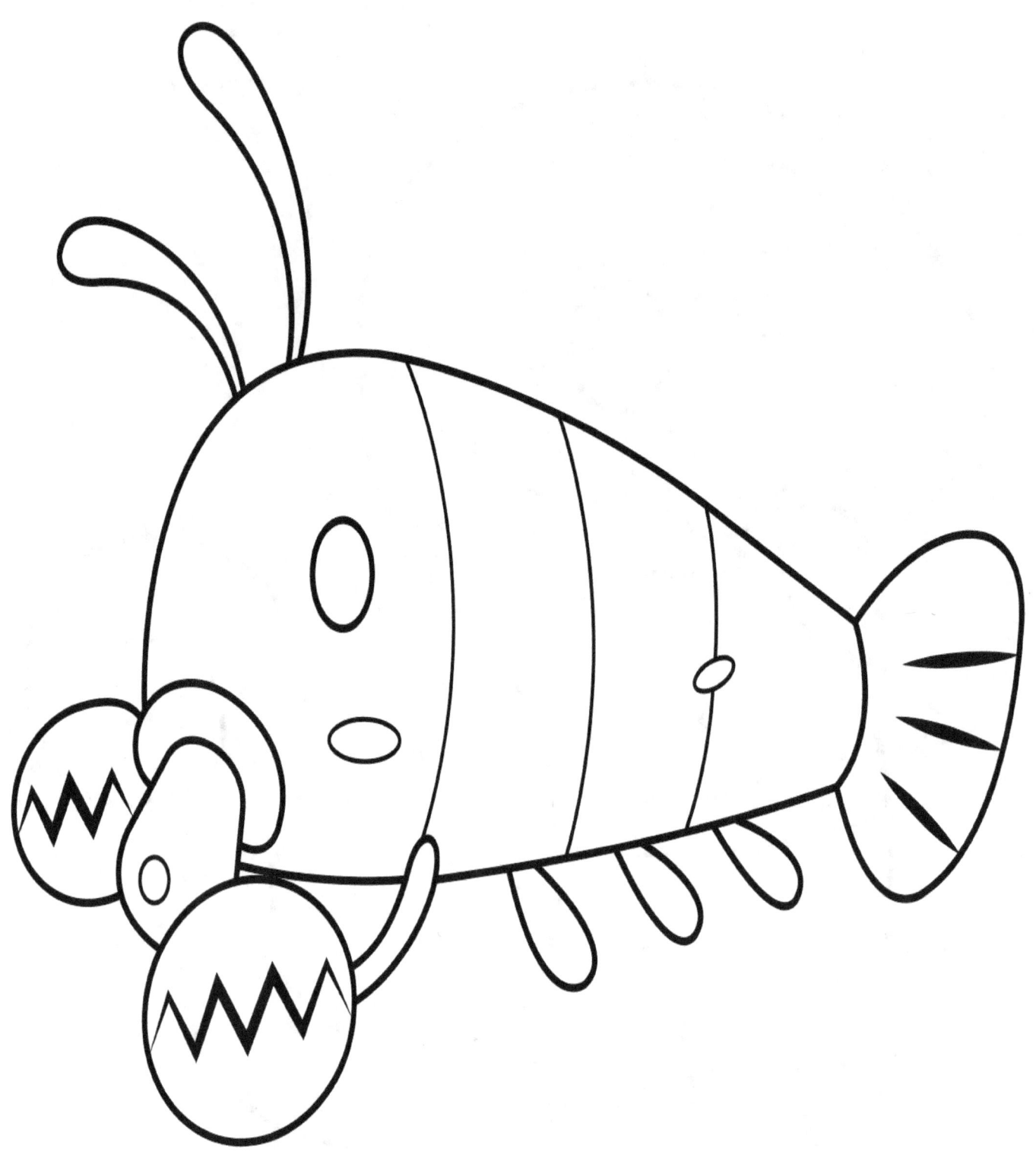

Baby - Mouse

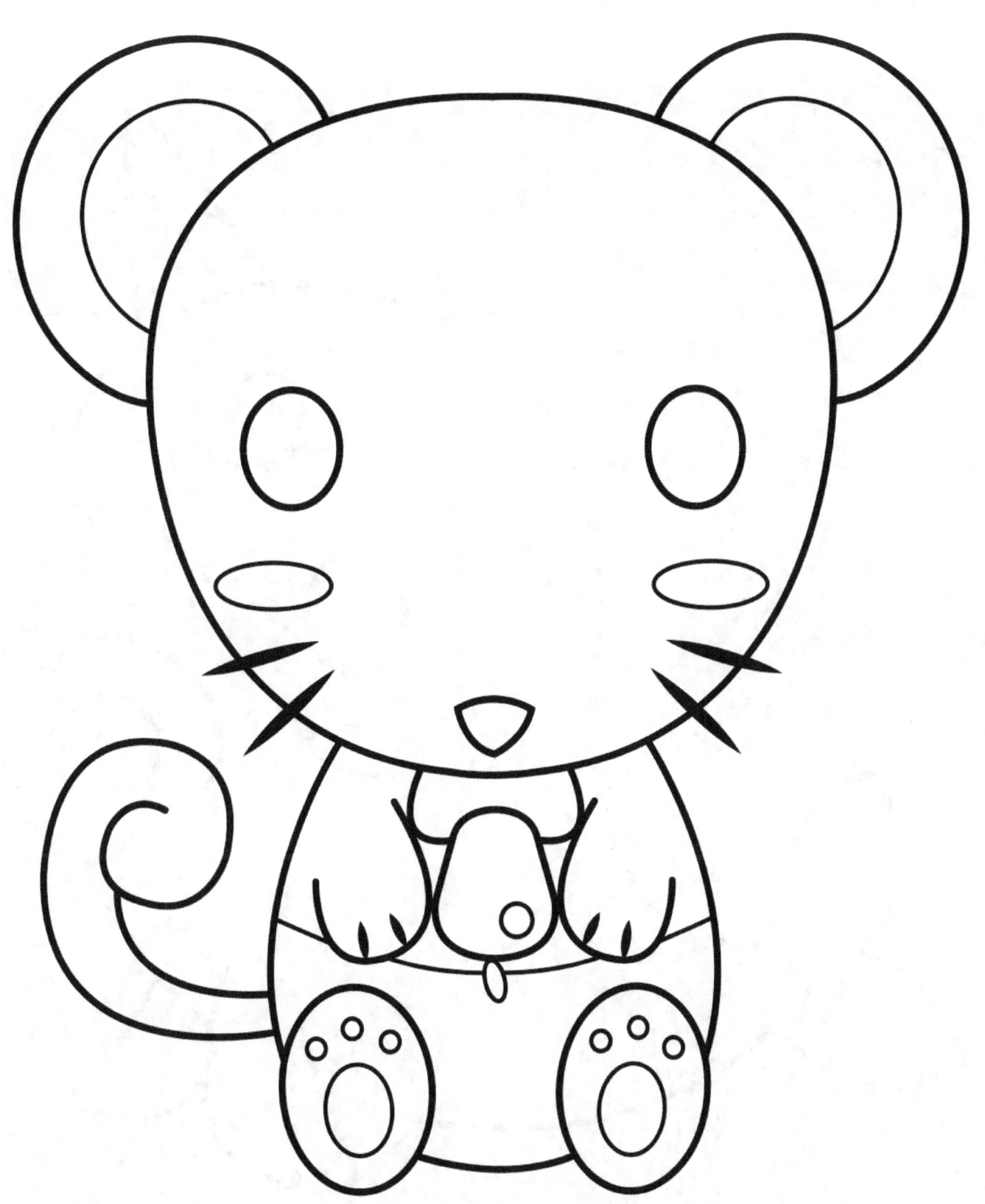

Baby - Narwhal

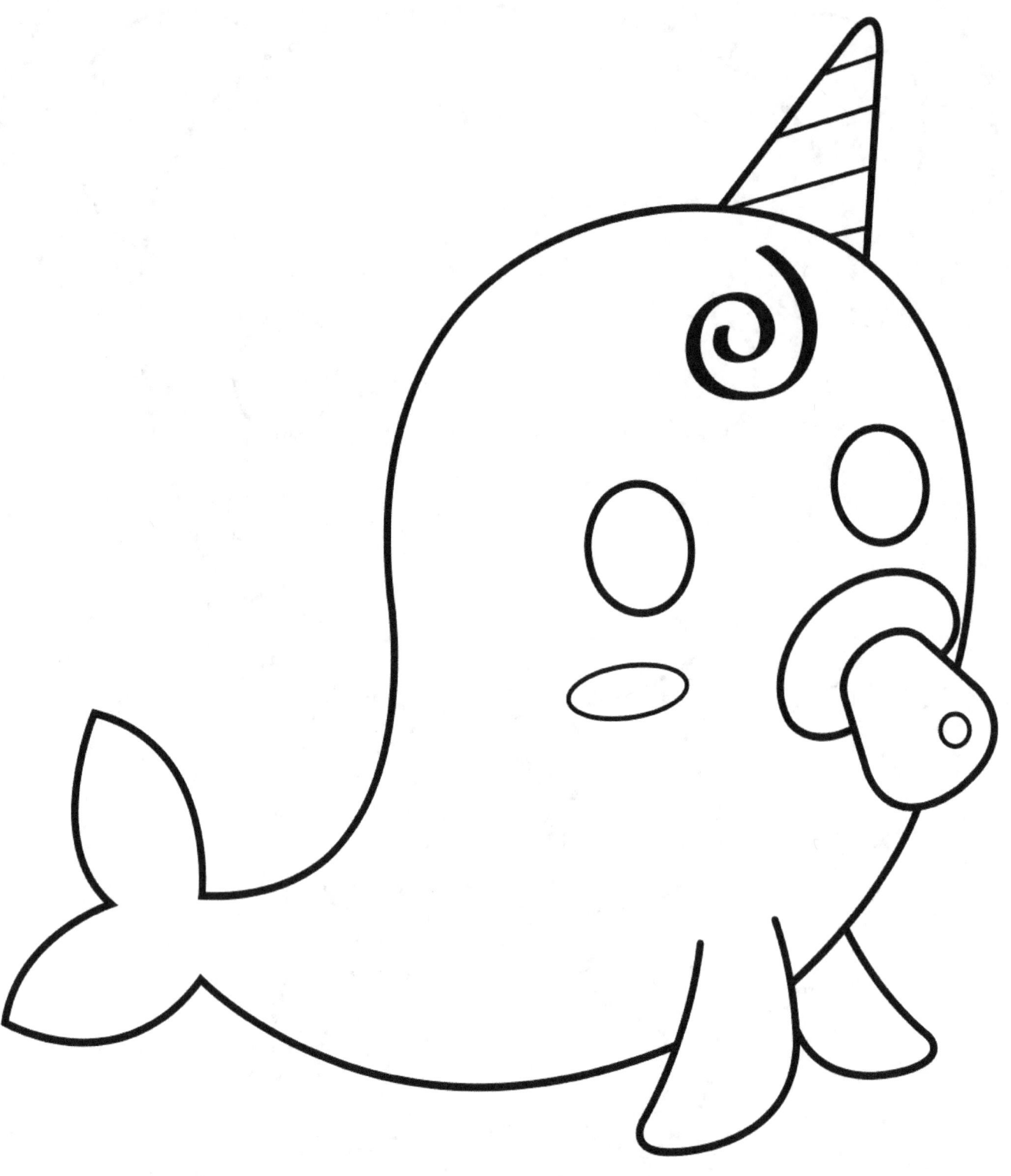

Baby - Octopus

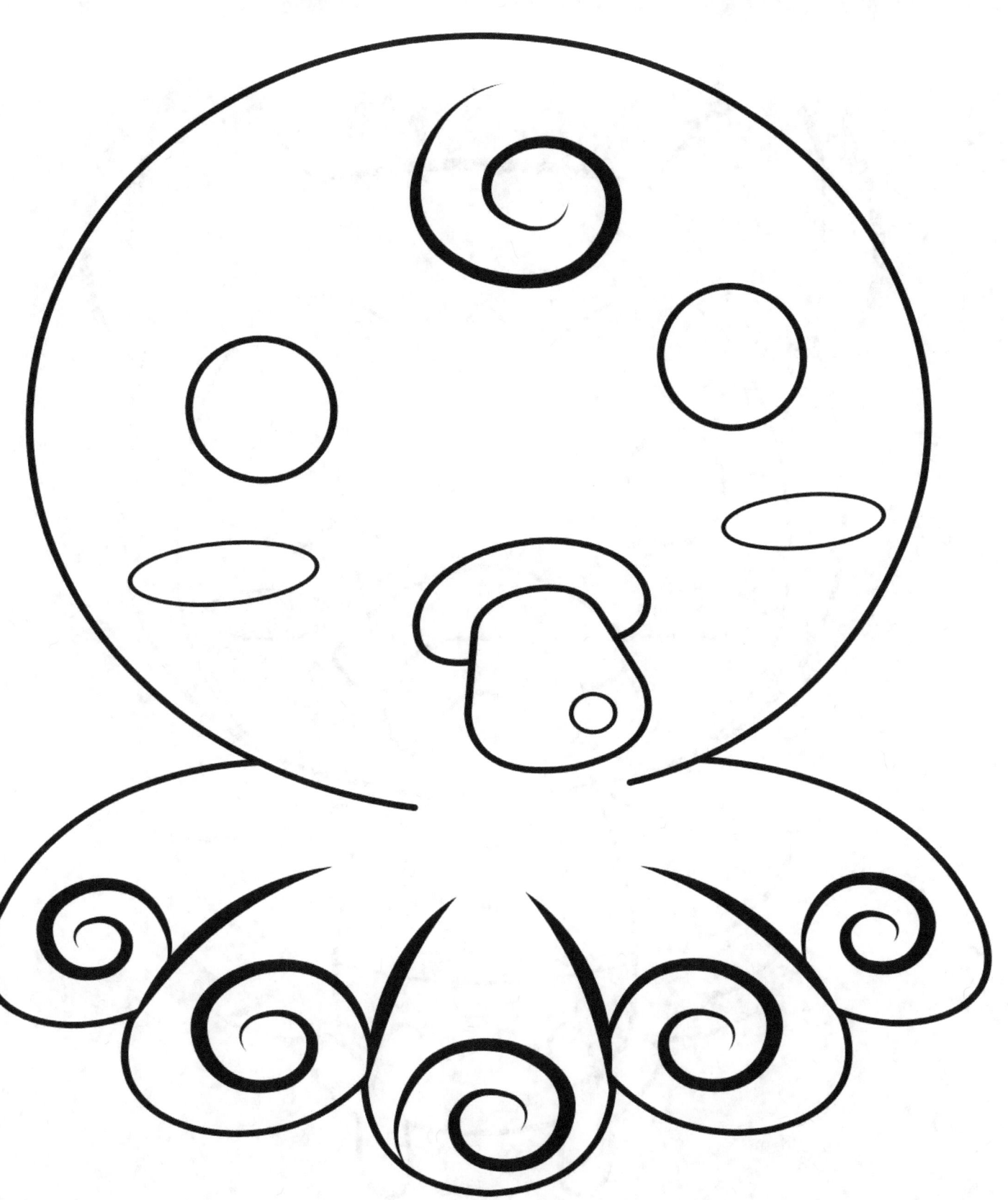

Baby - Owl

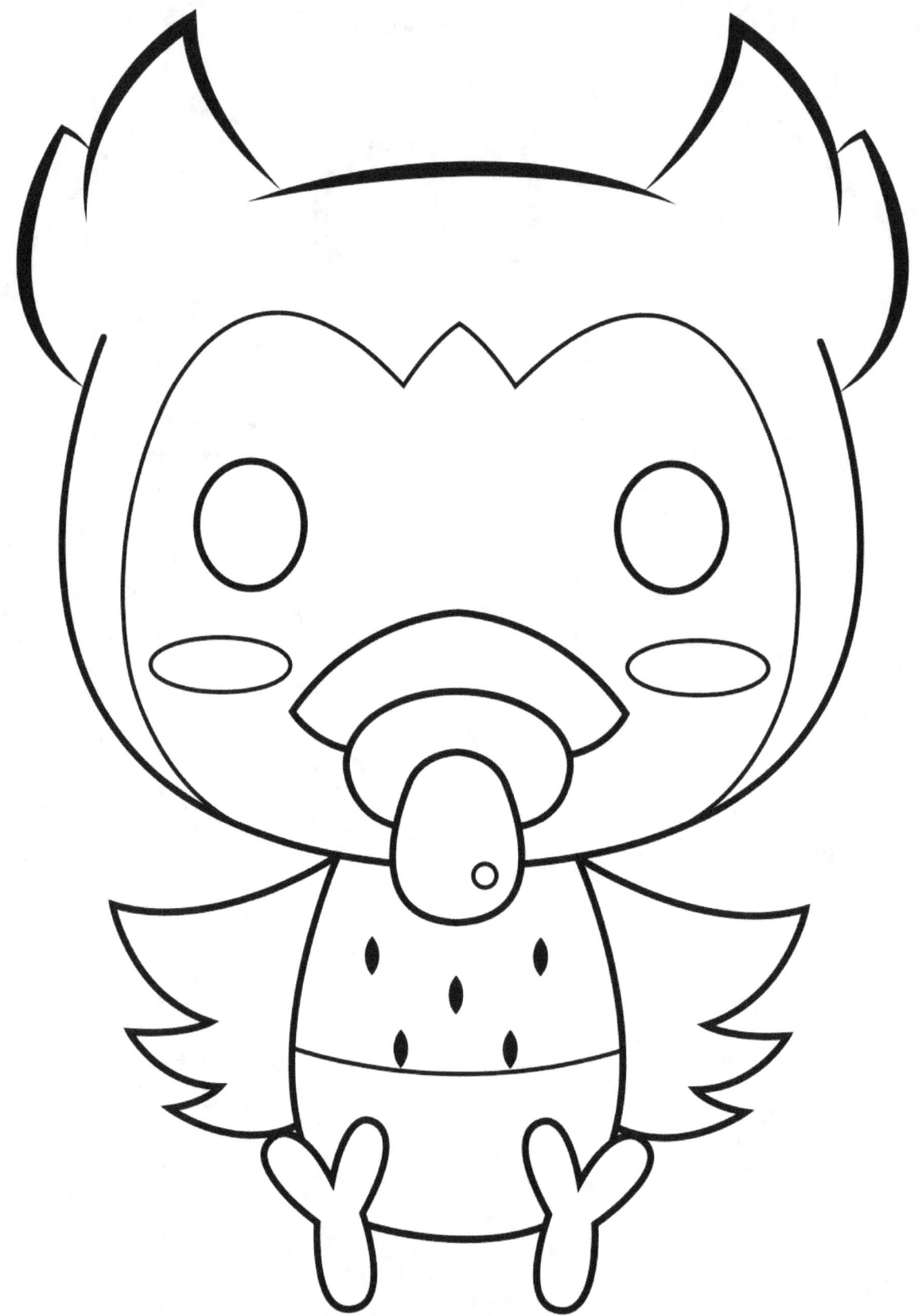

Baby - Parrot

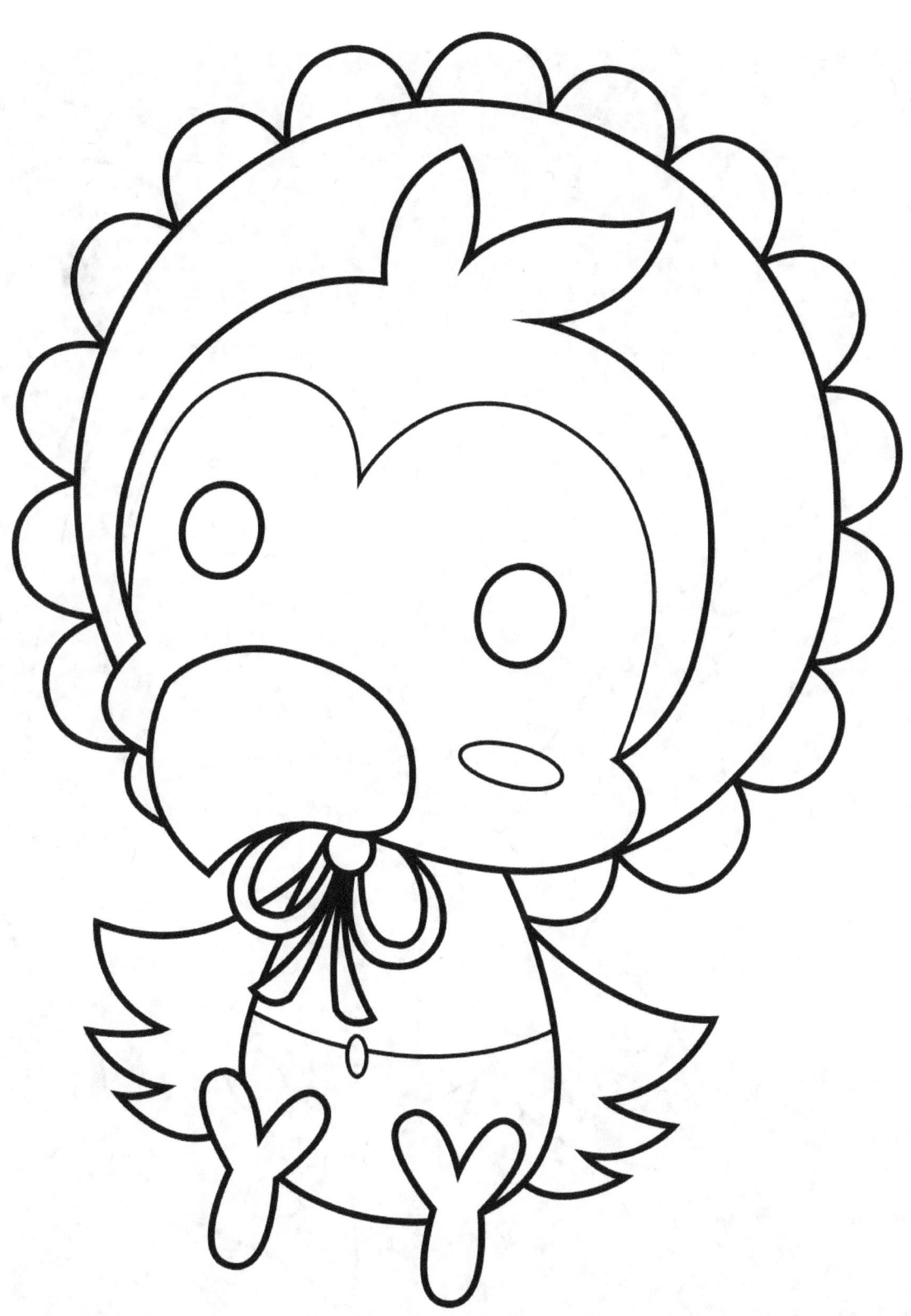

Baby - Plesiosaur

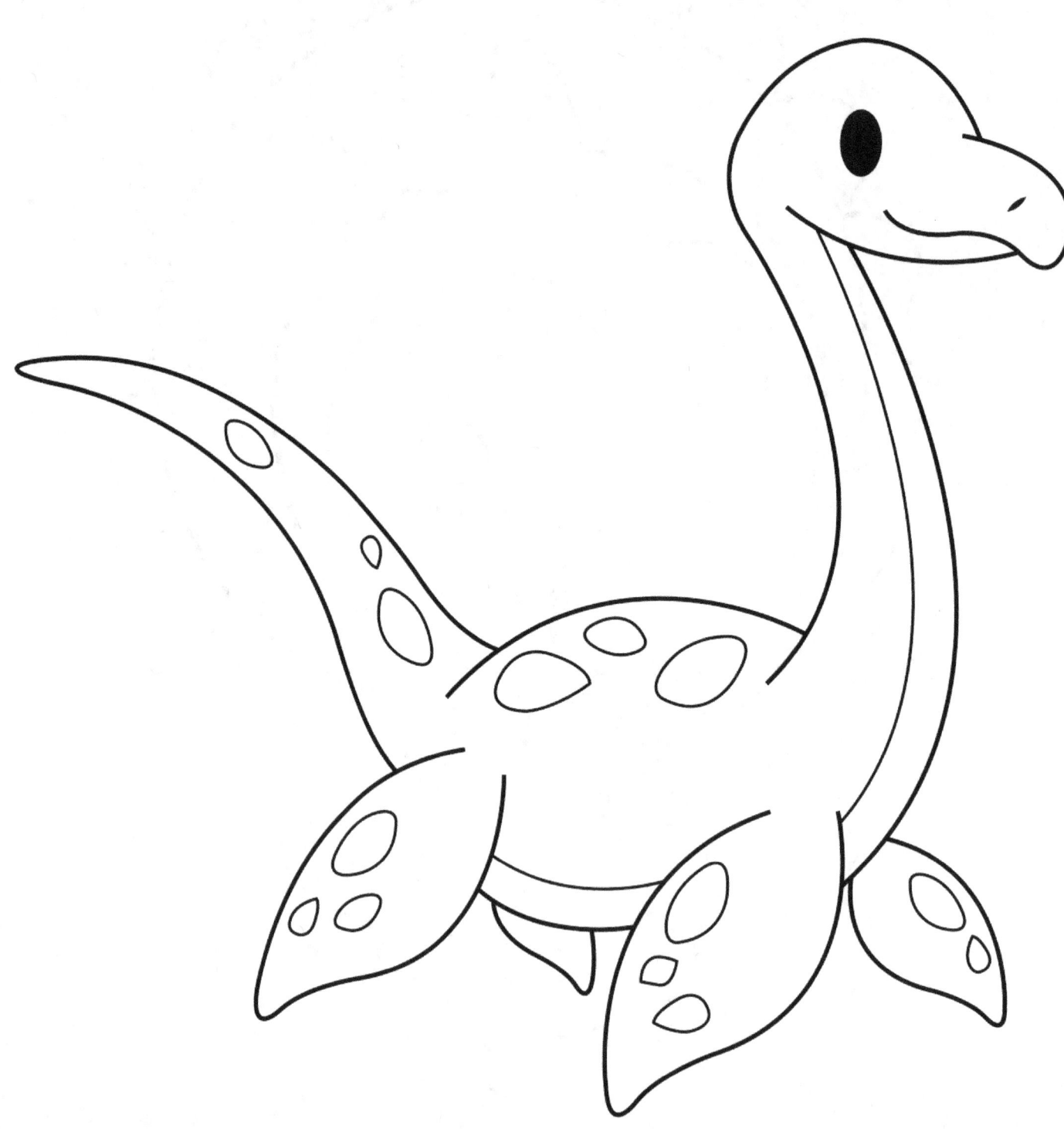

Baby - Rabbit

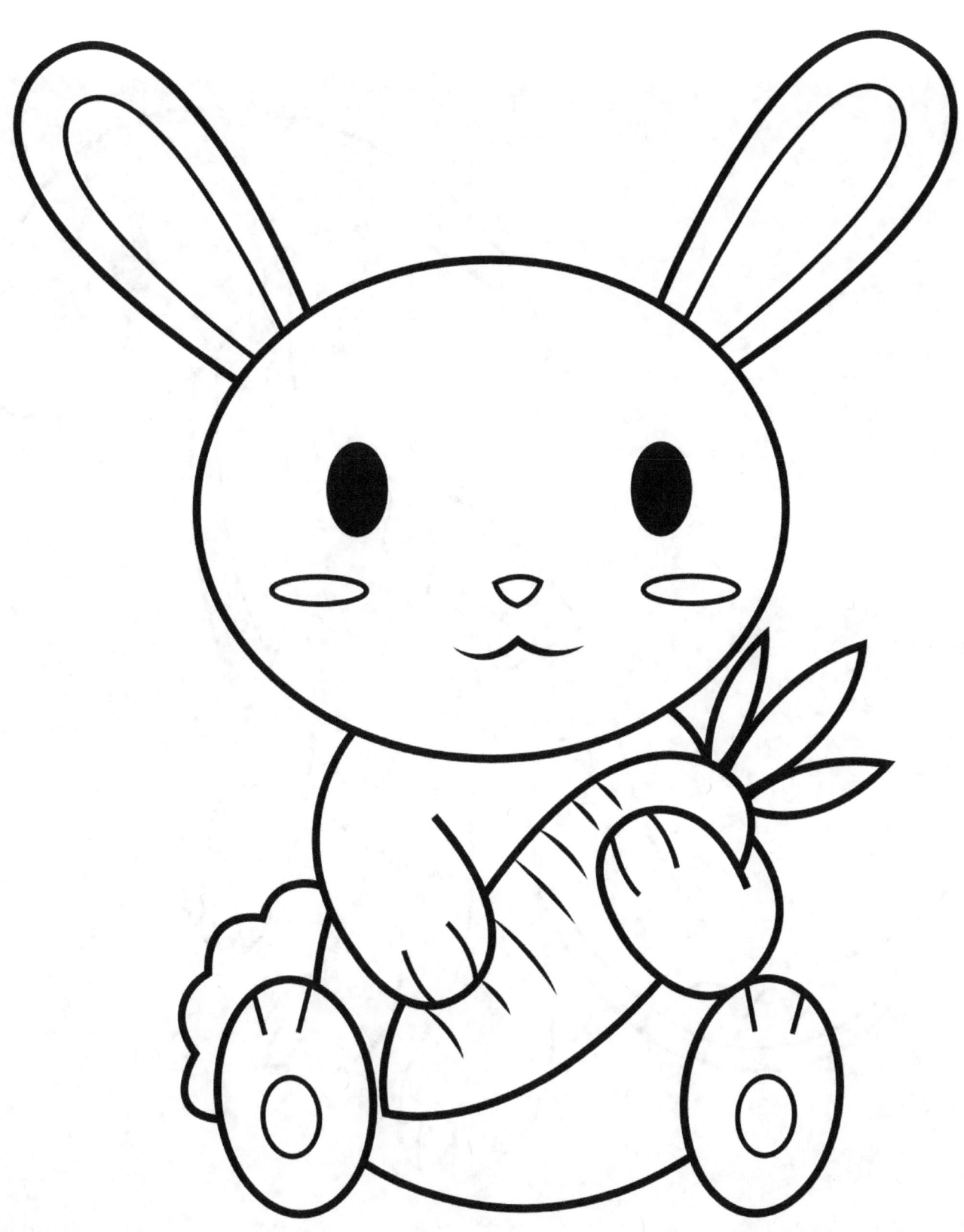

Baby - Saurolophus

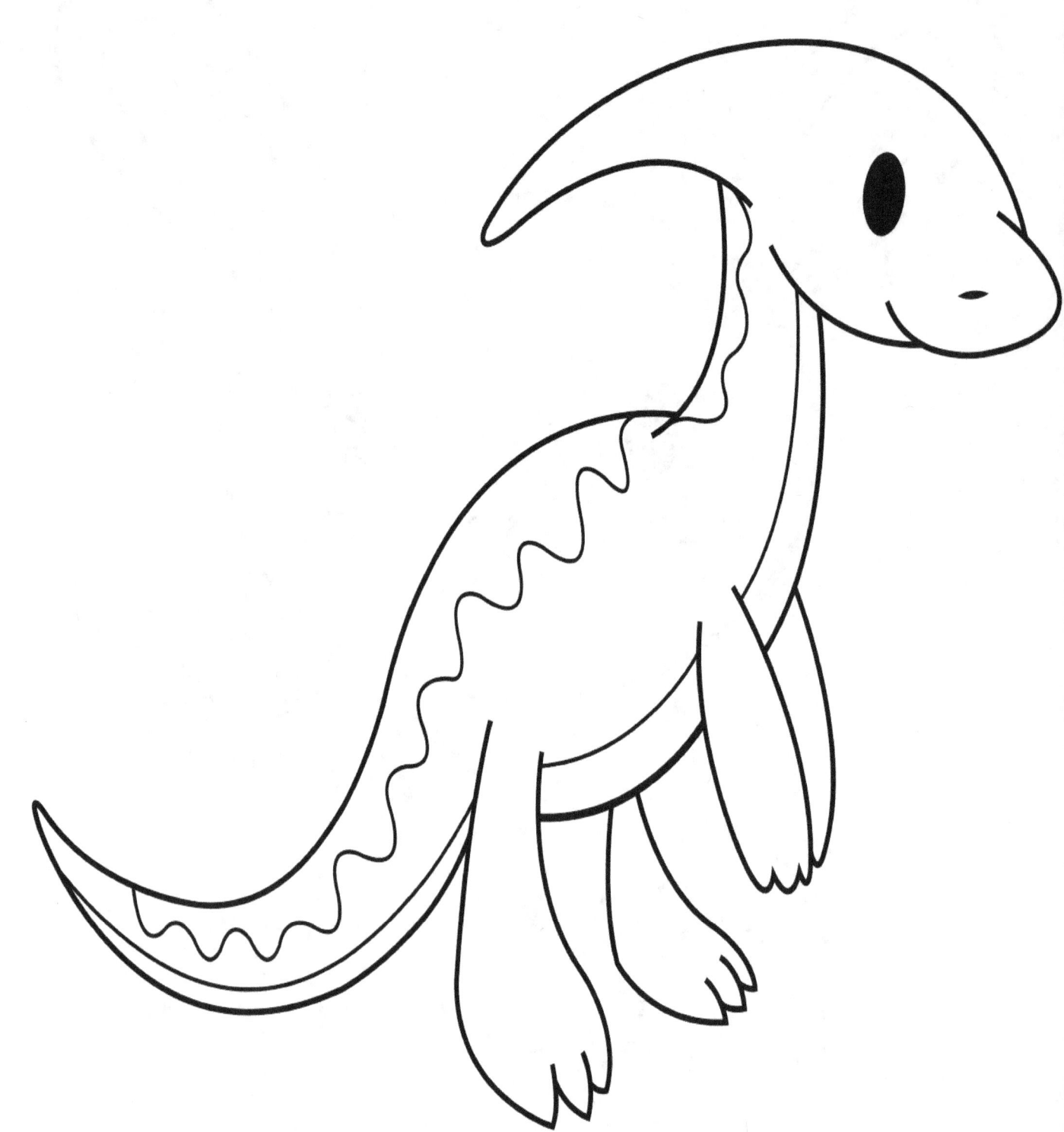

Baby - Snail

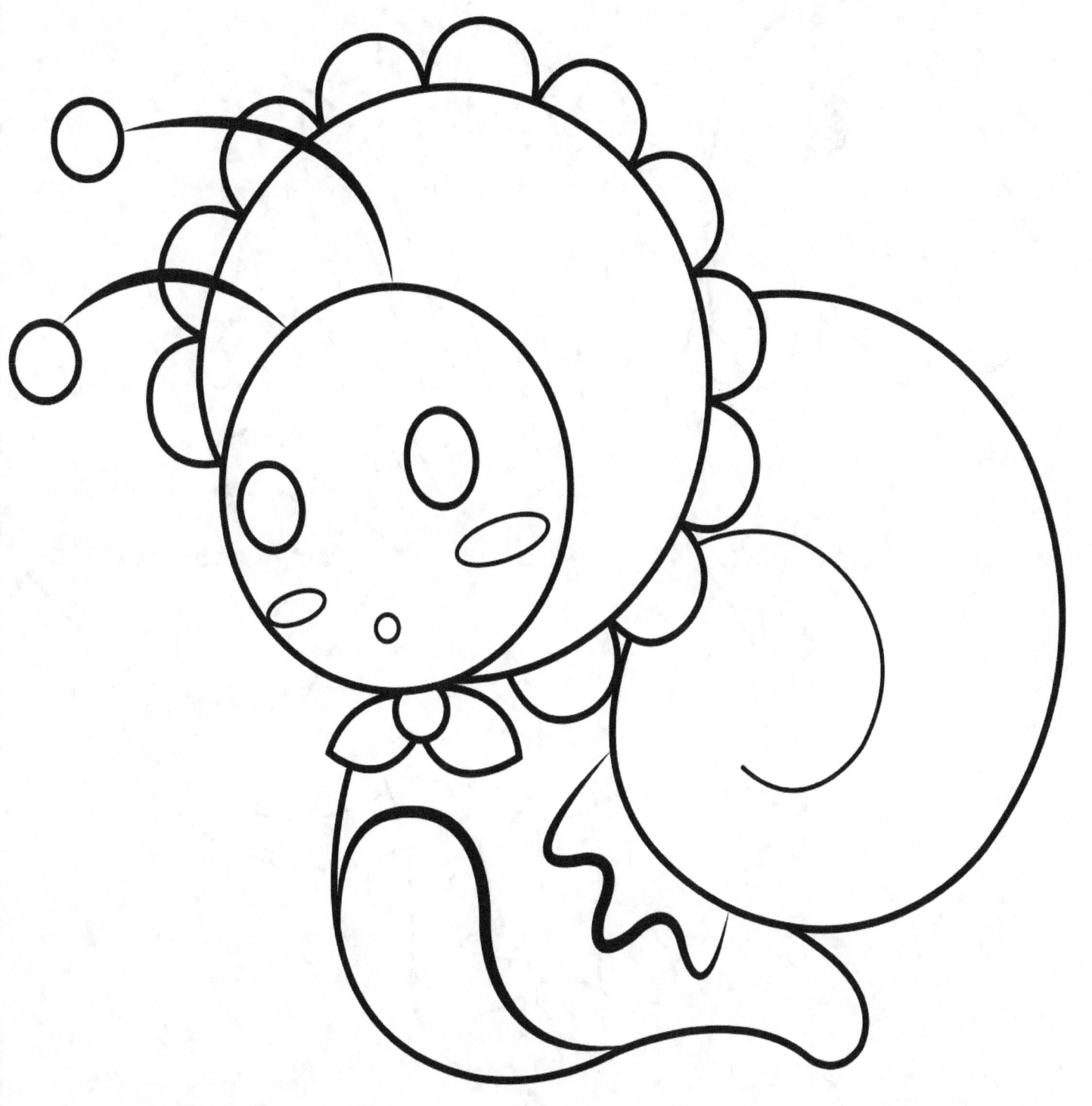

Baby - Spinosaurus

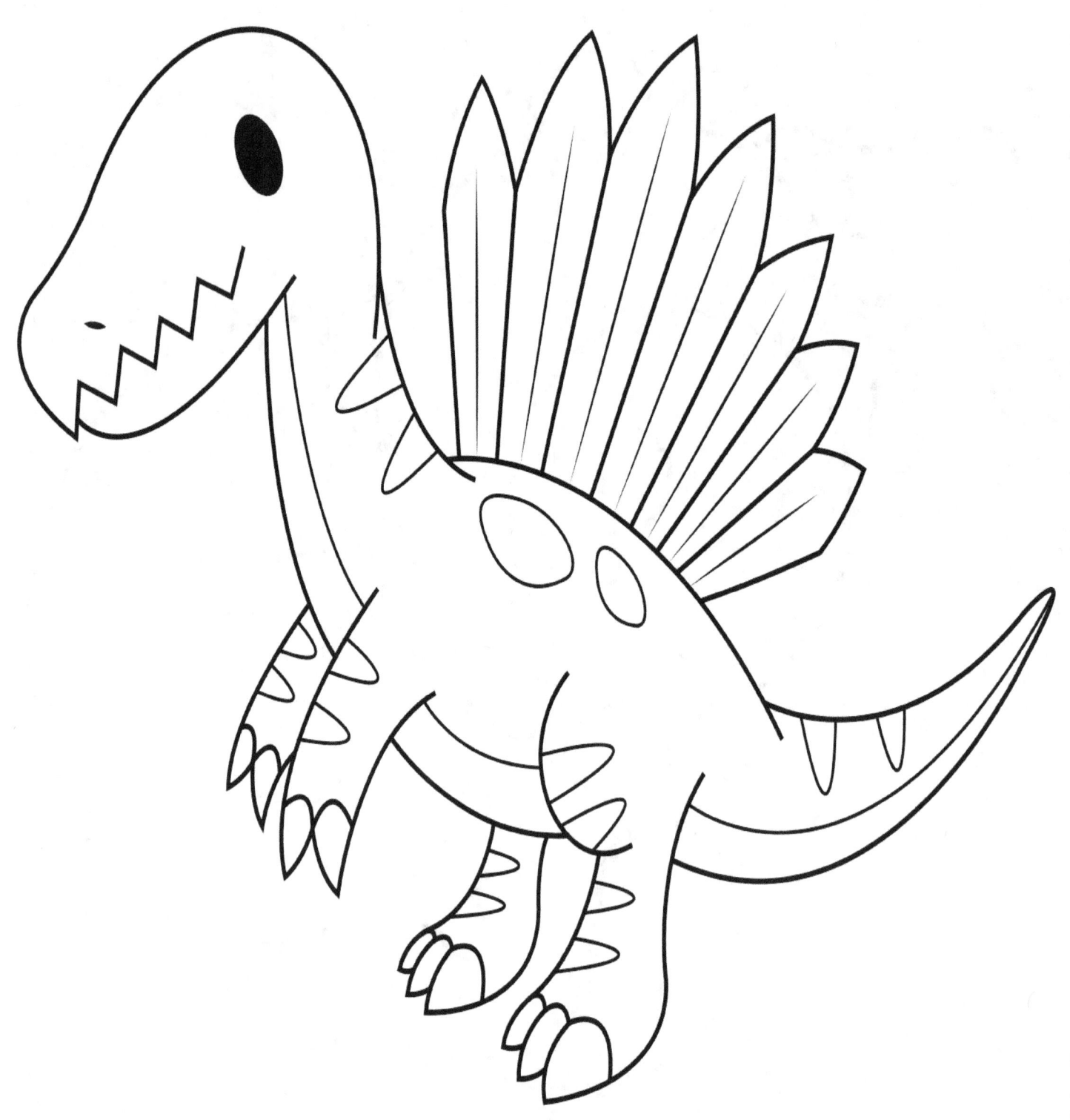

Baby - Squirrel

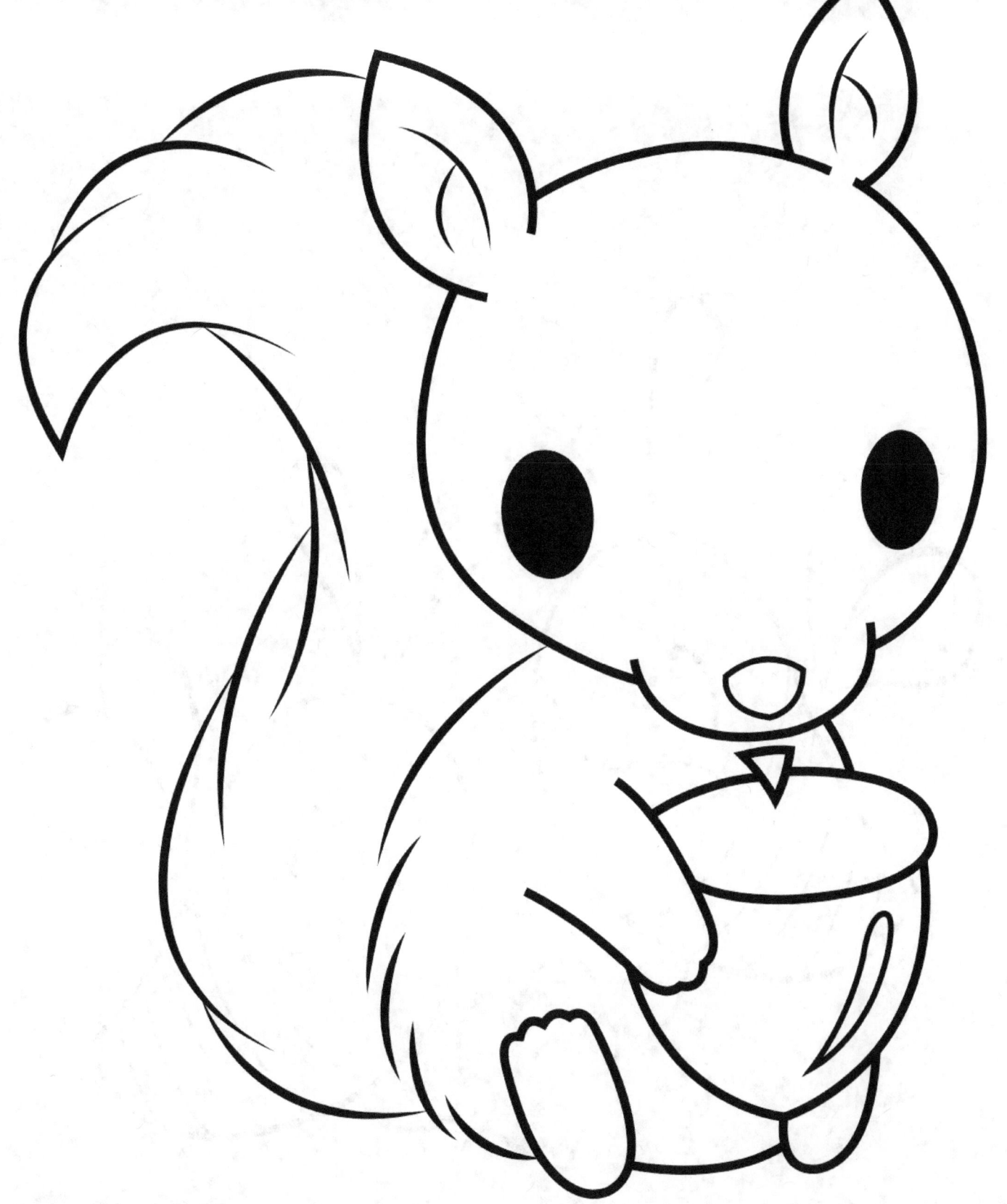

Bees

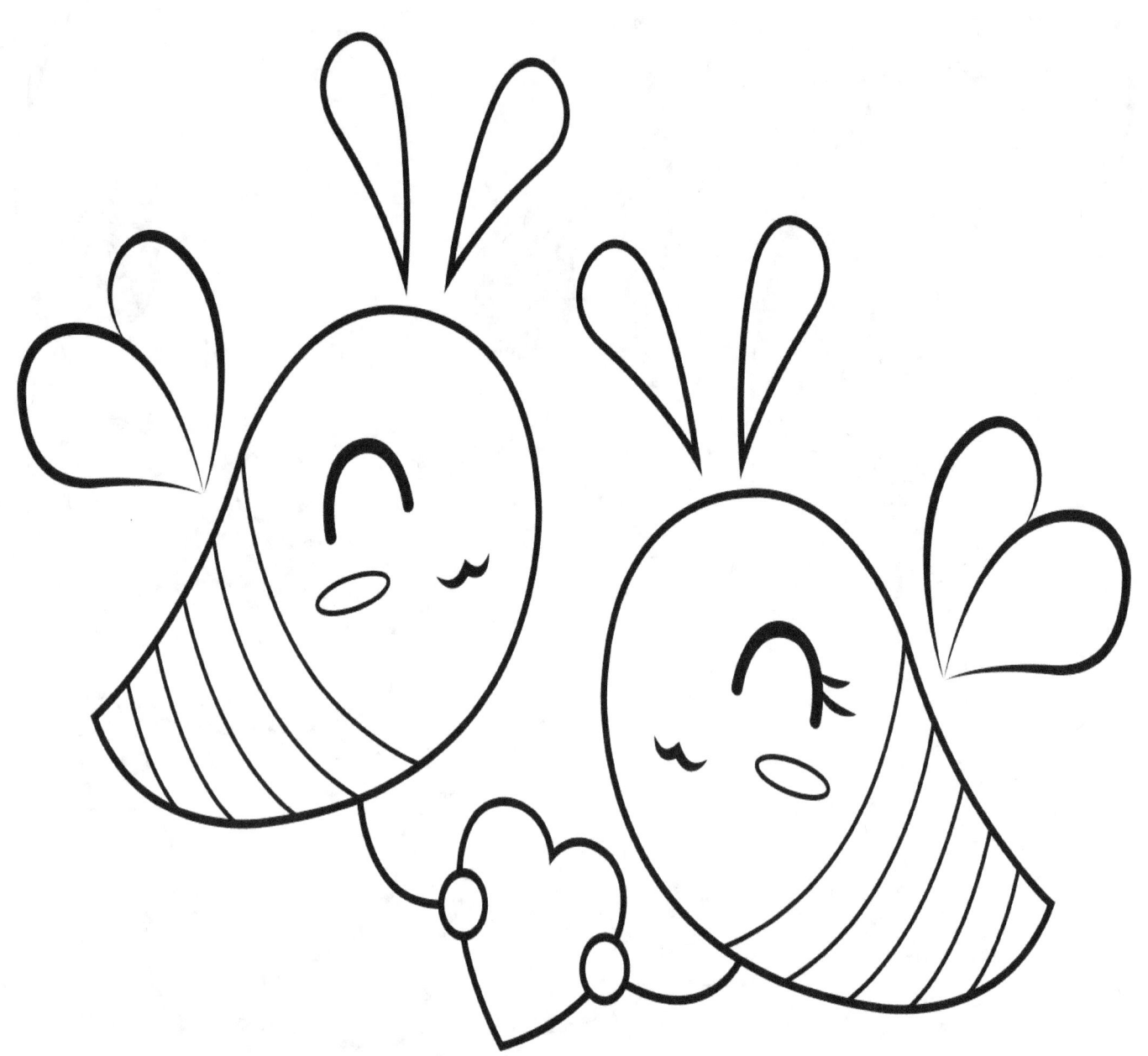

Bunny

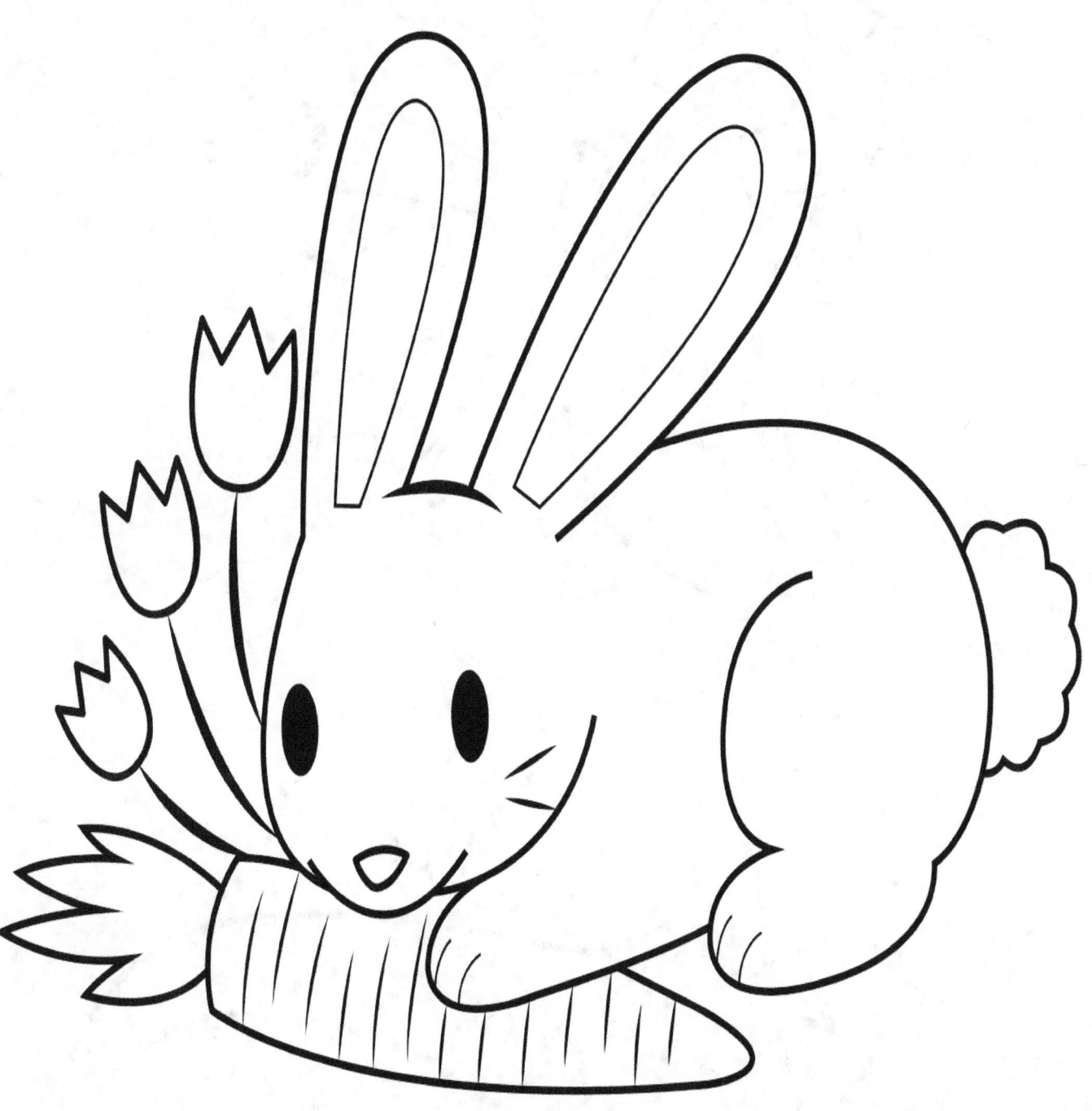

Dilophosau

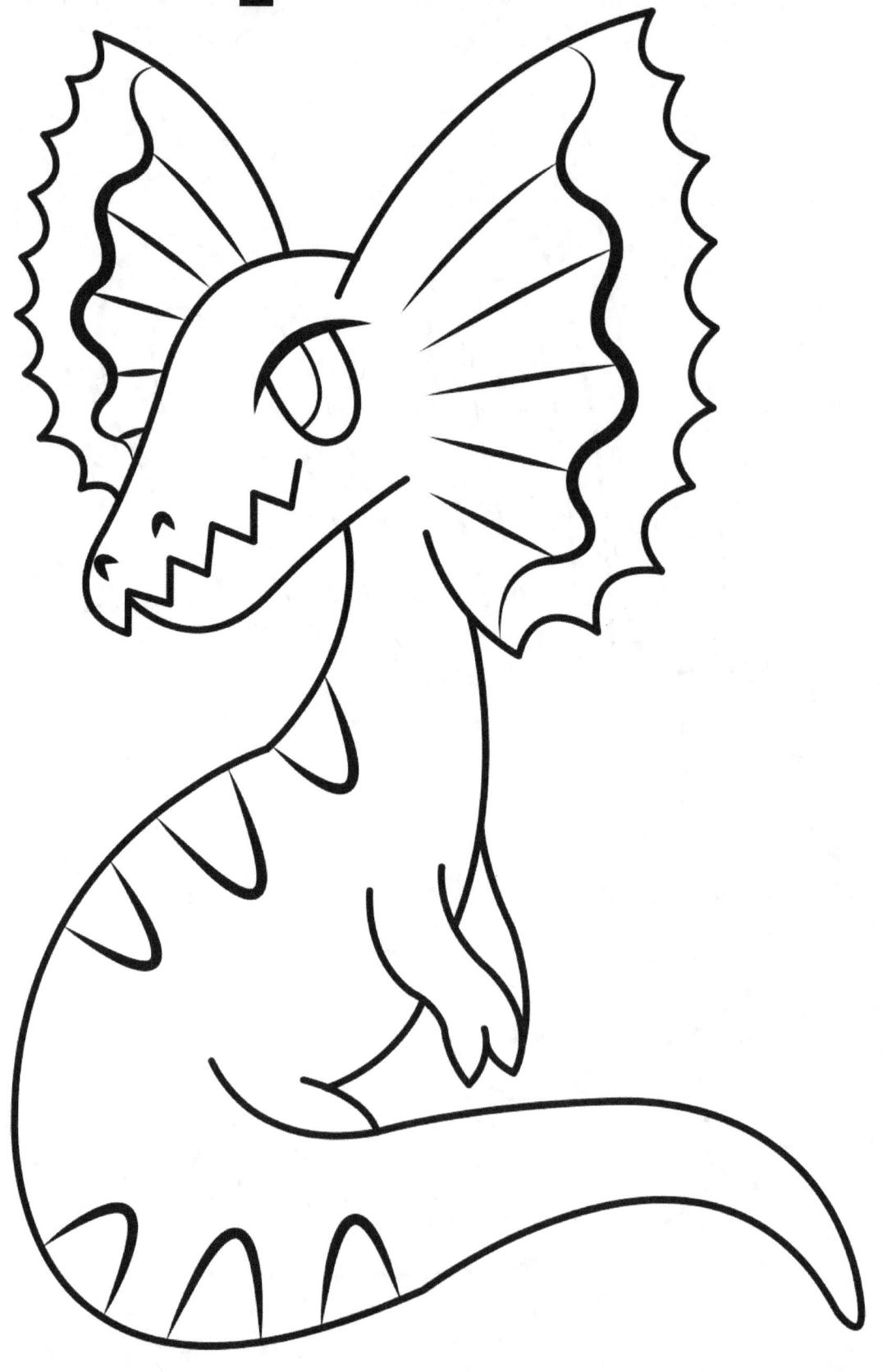

Ichthusaurus

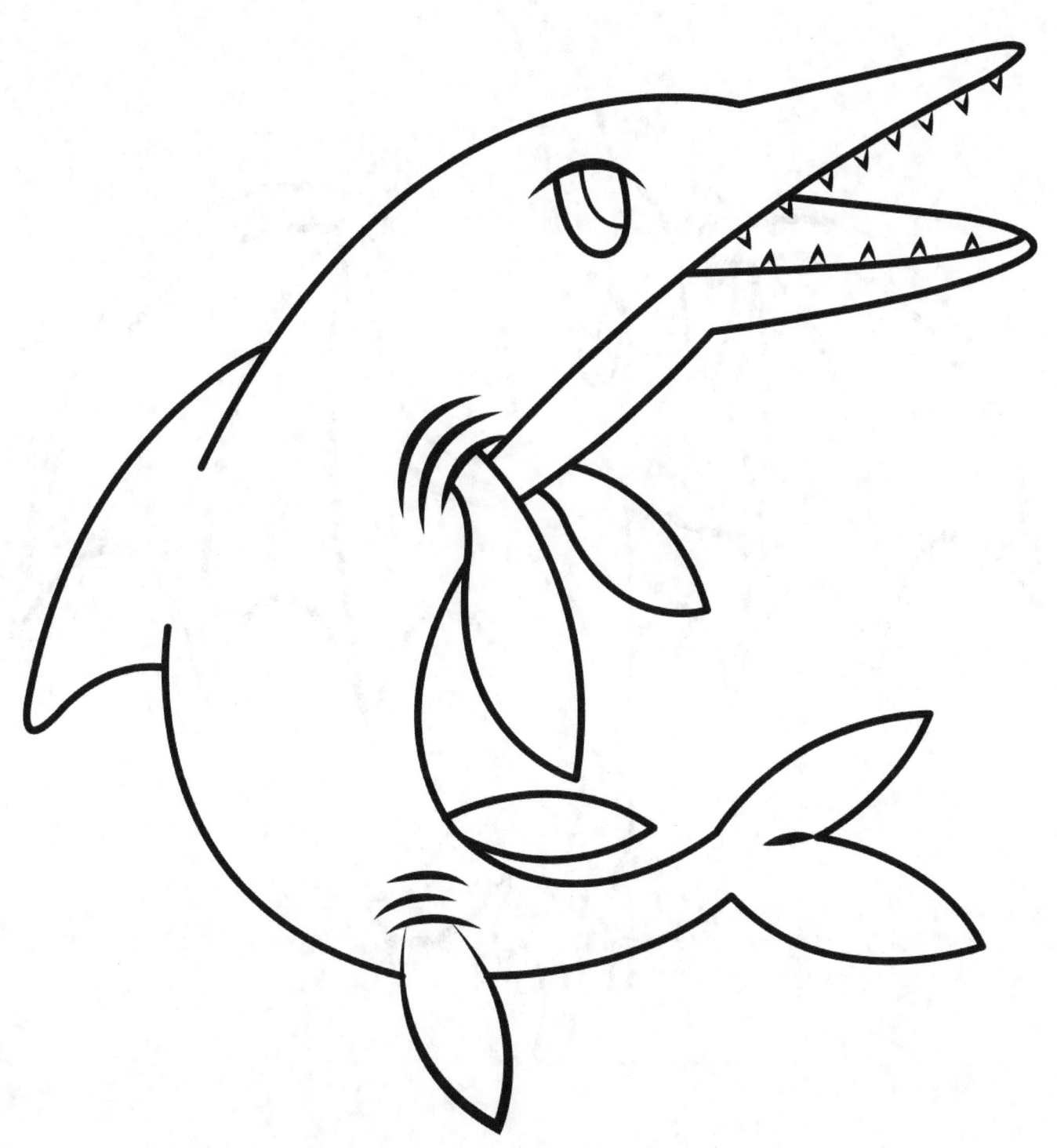

Pterodactyl

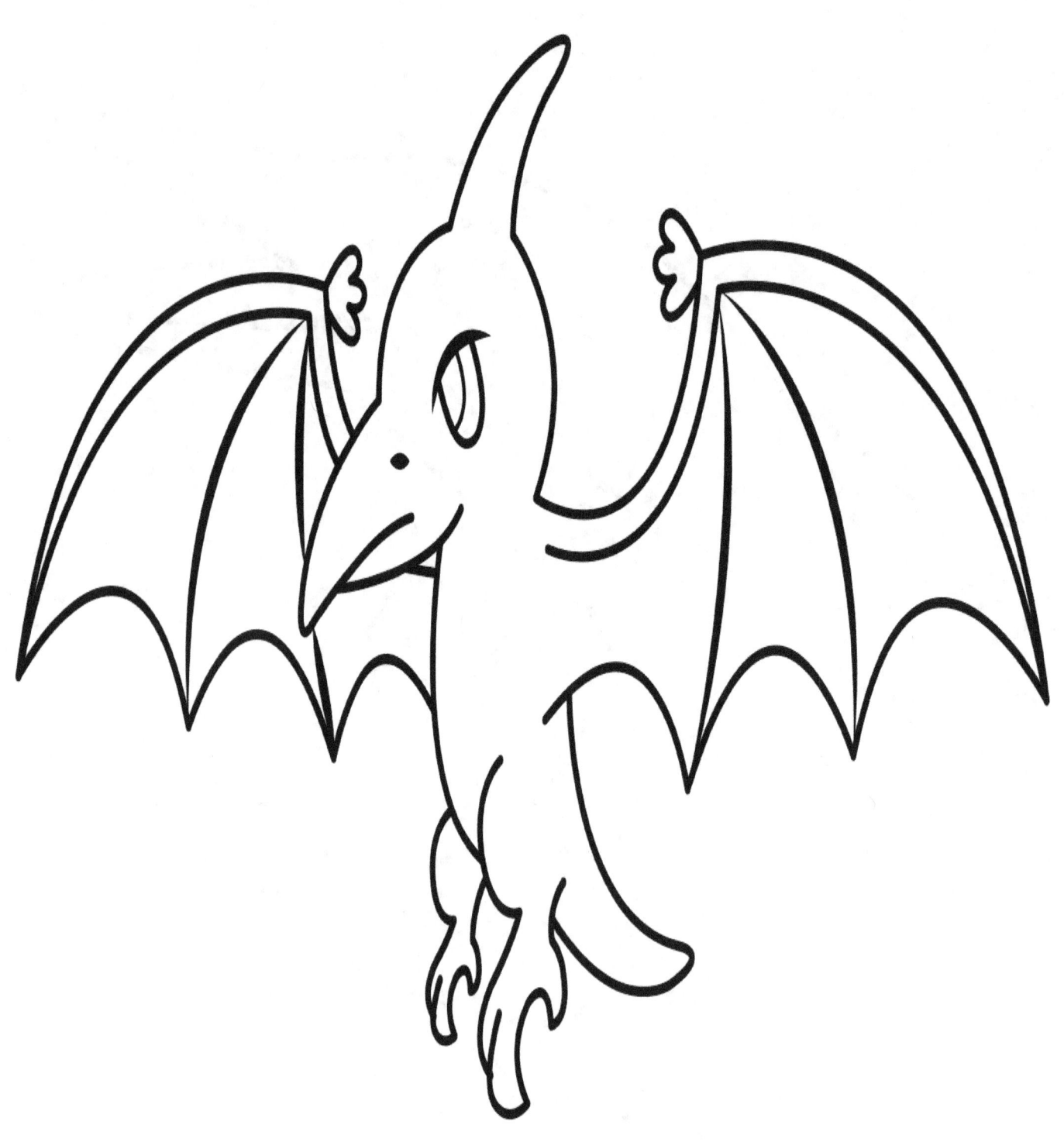

Cat & Fish

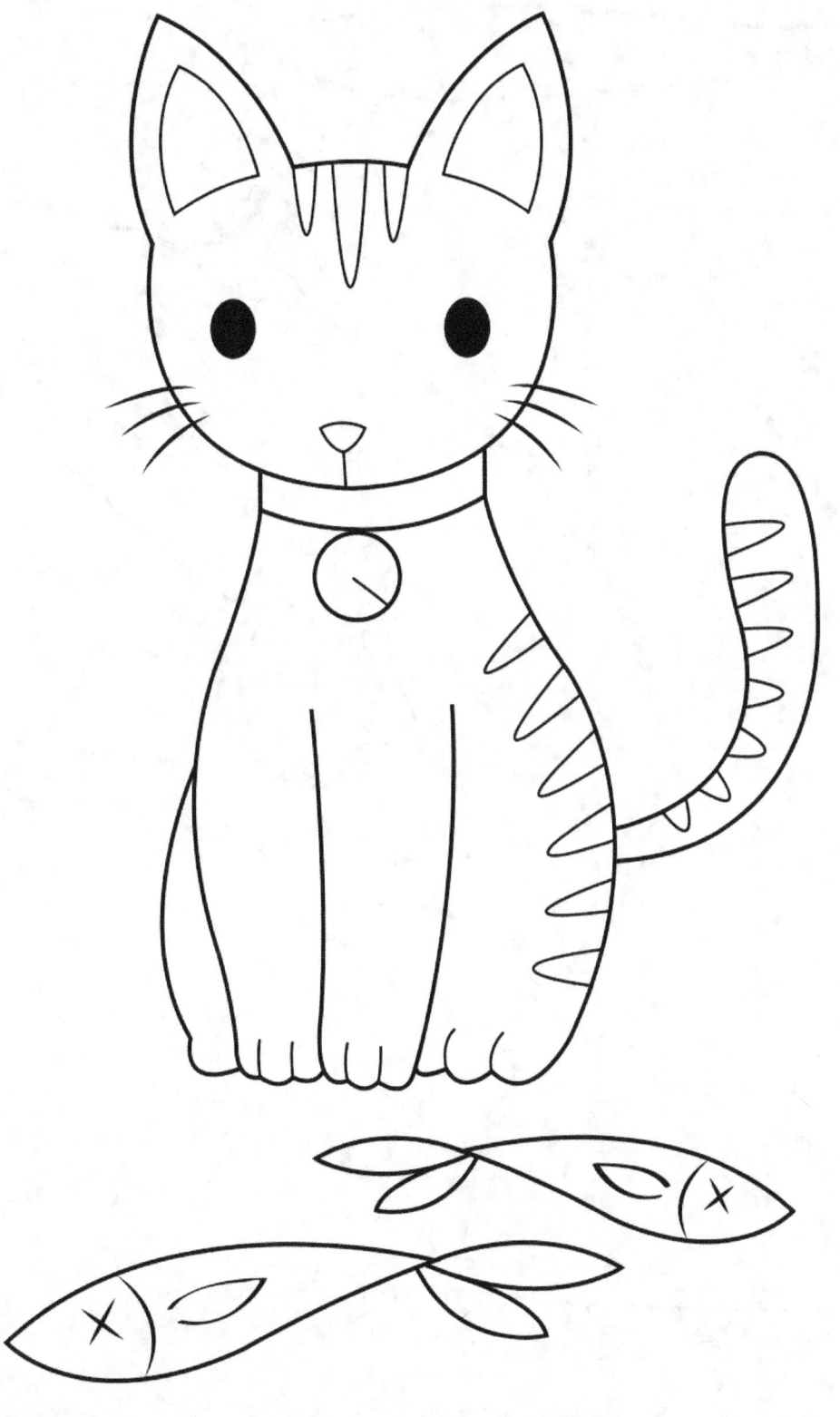

Shark

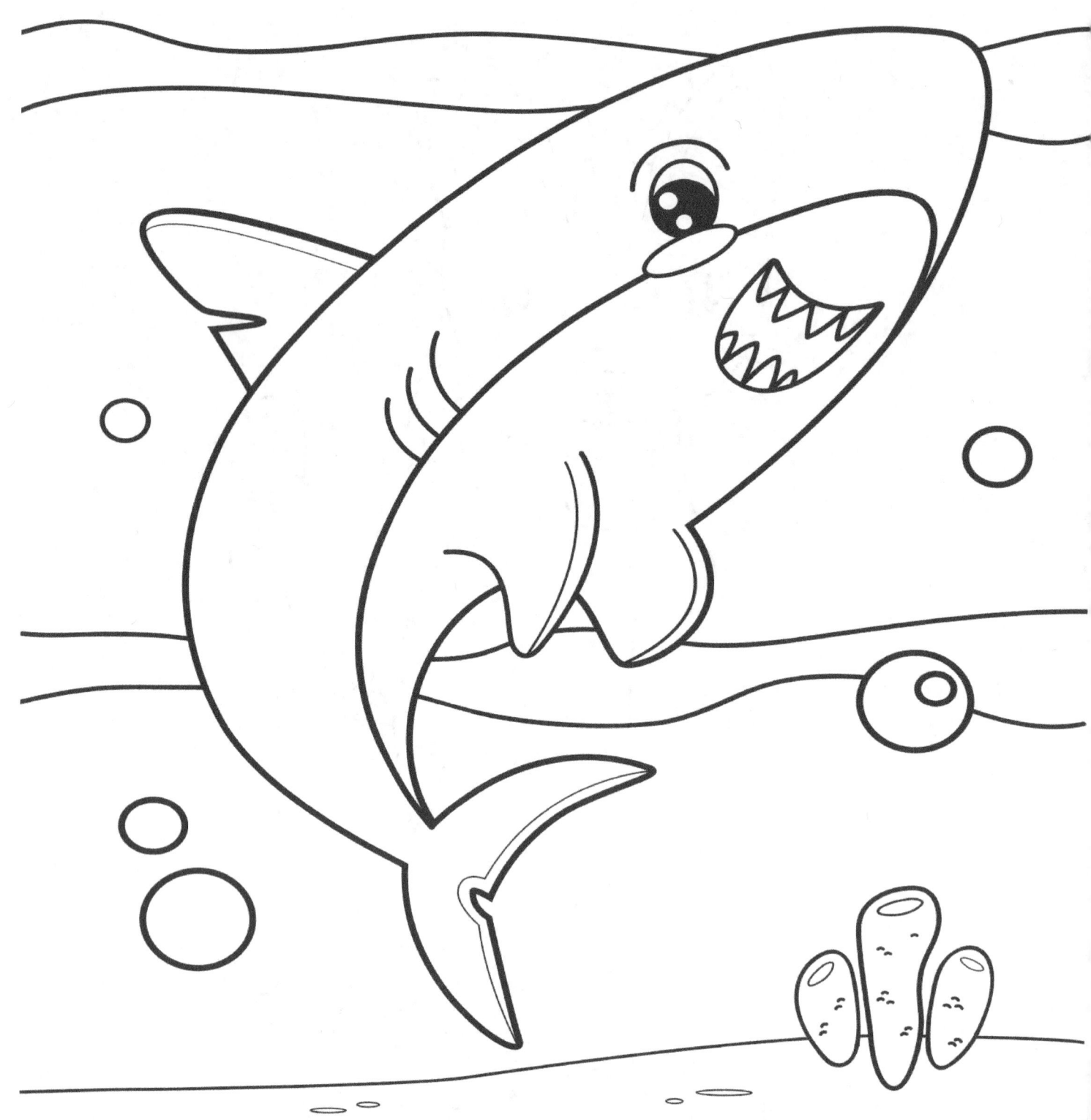

Squirrel

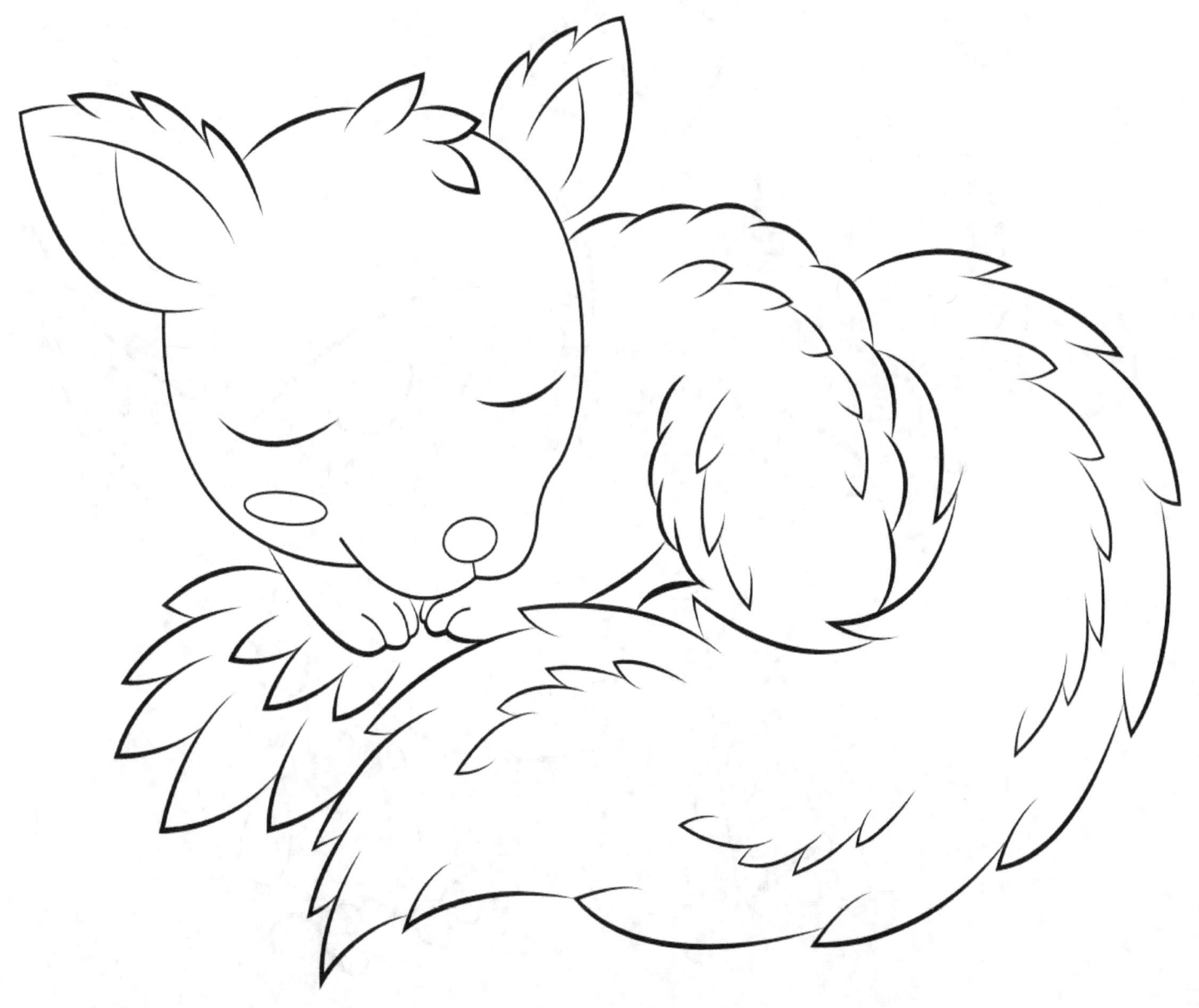

Triceratops

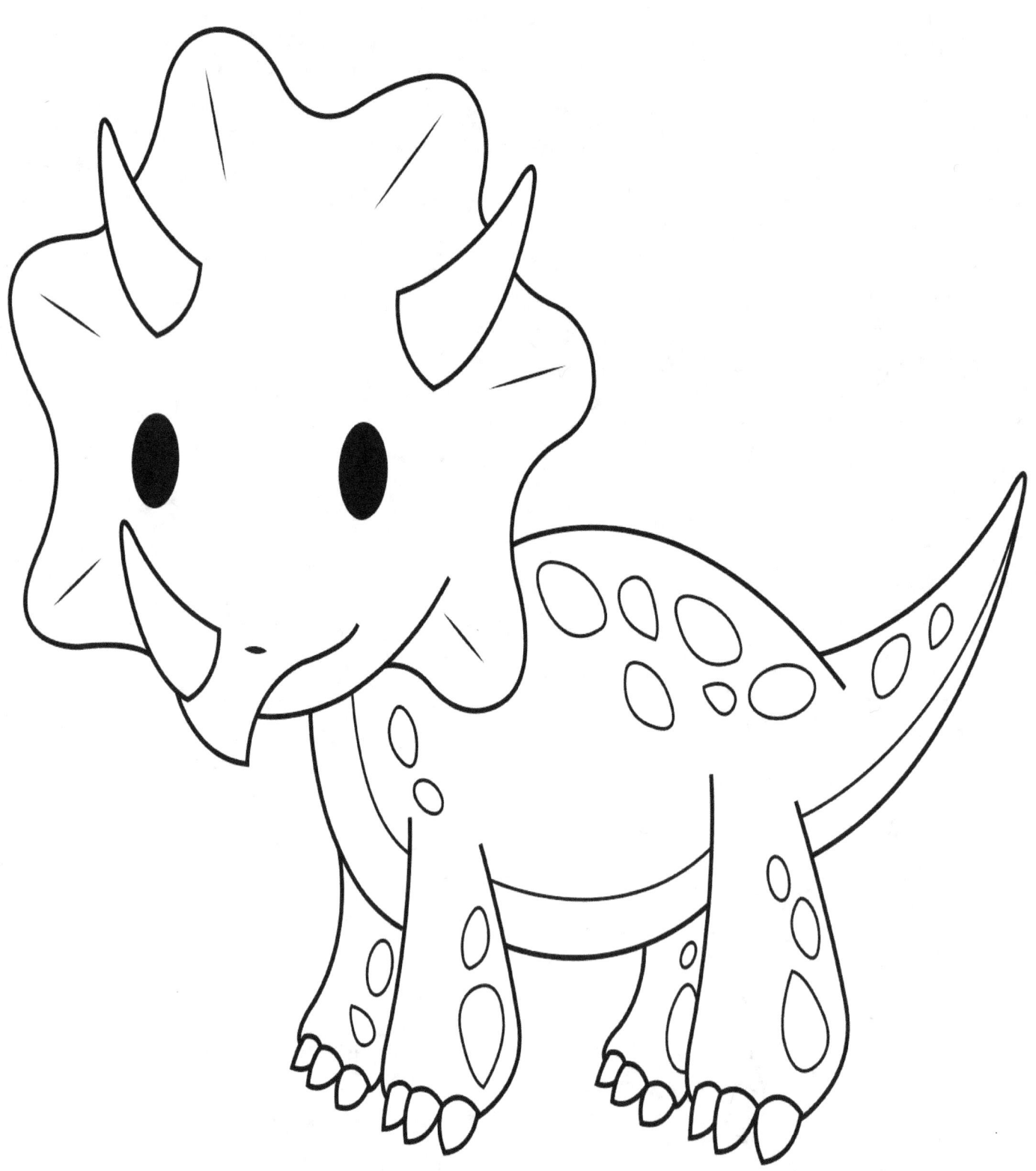

Dinosaur

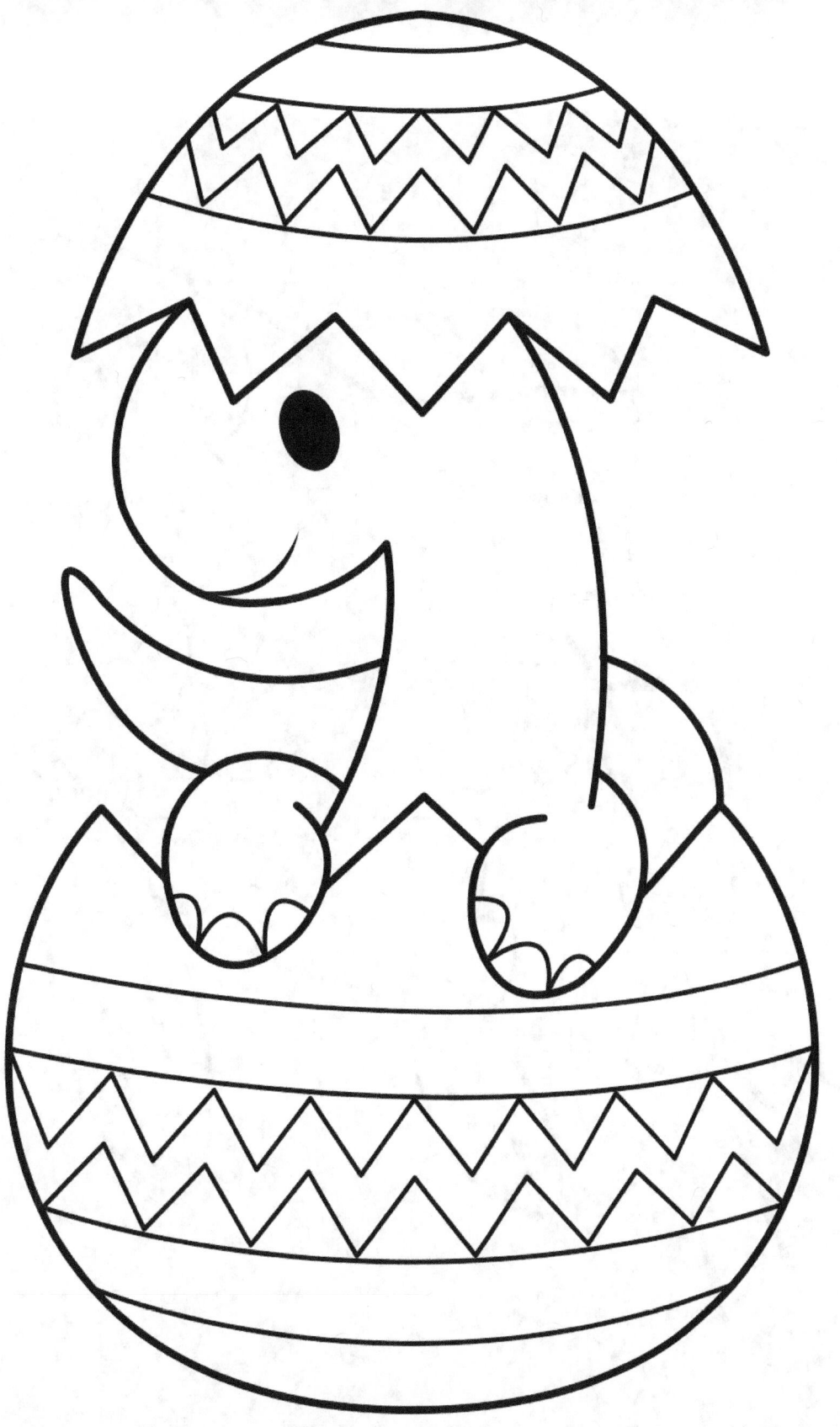

Fish

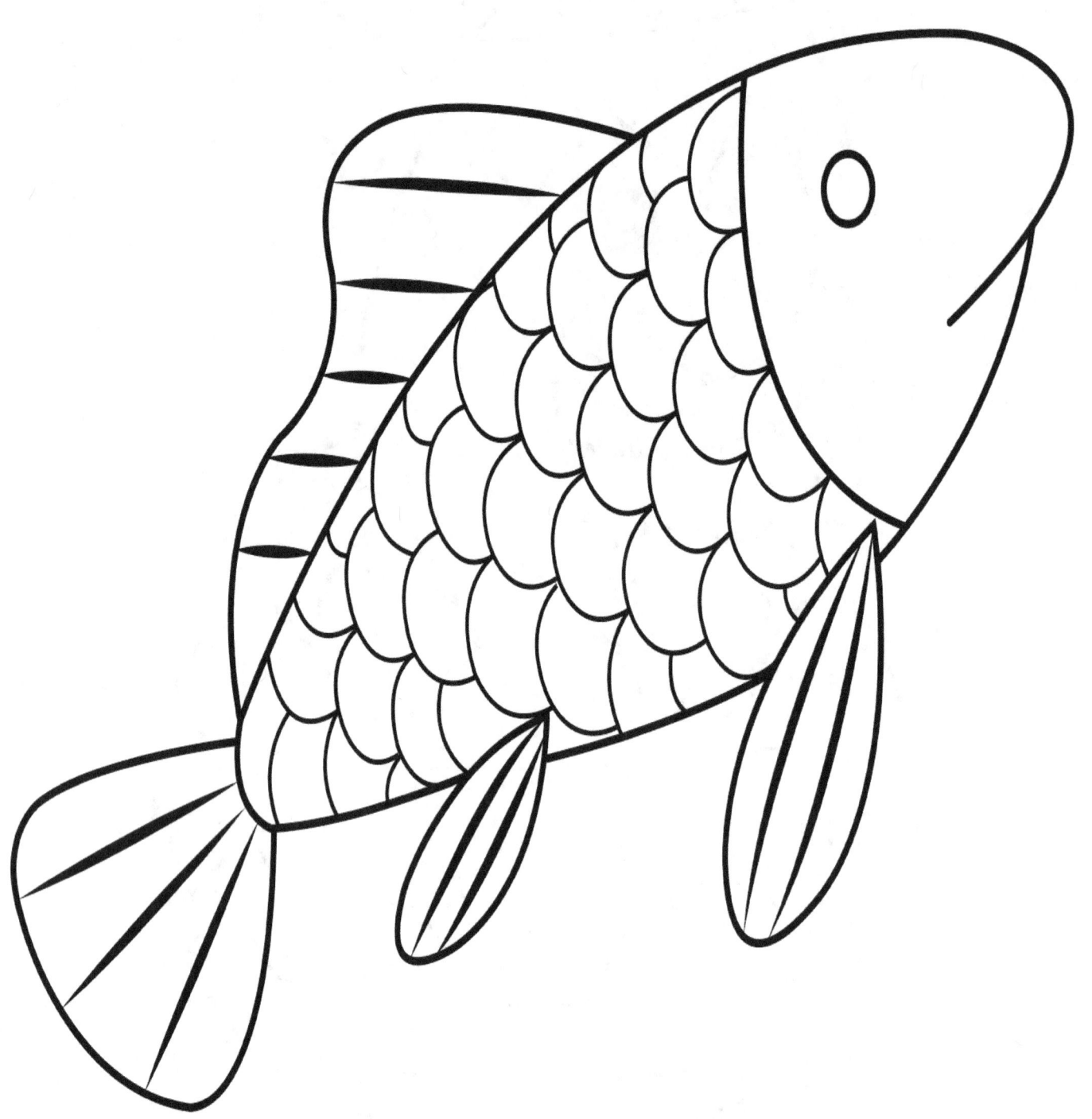

Tyrannosaurus

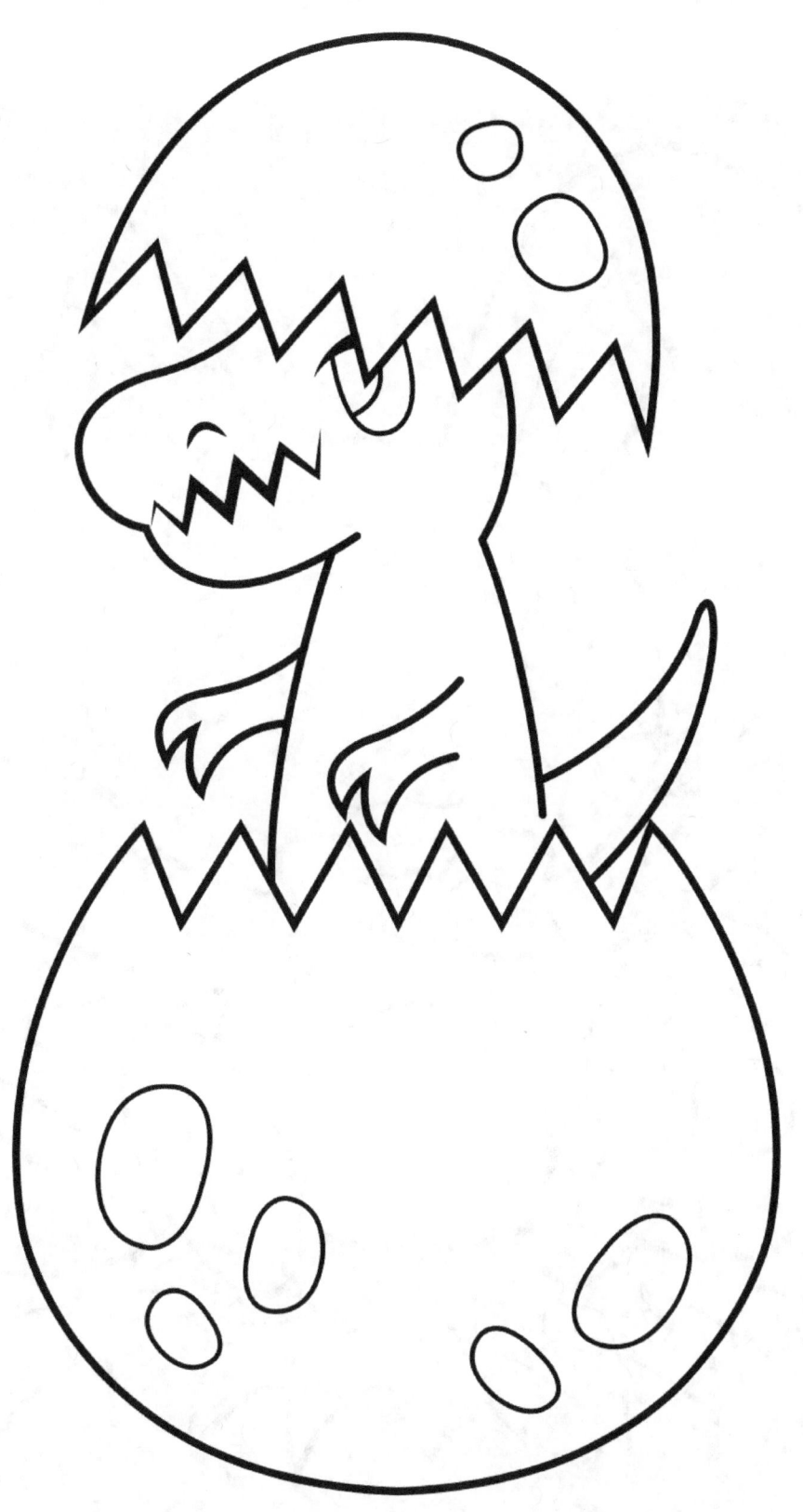

Bunny

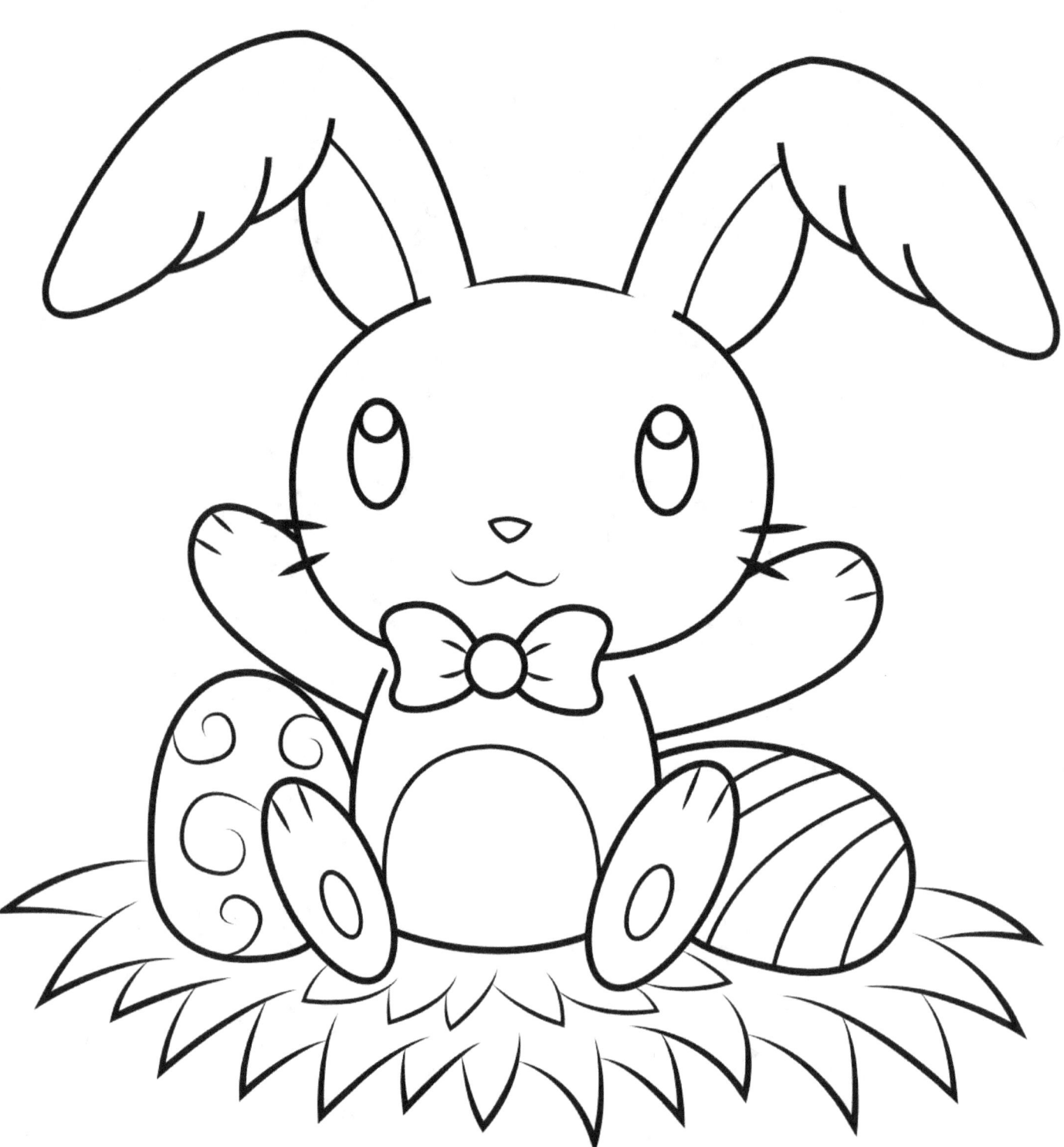

Good
BUY

www.ingramcontent.com/pod-product-compliance
Lightning Source LLC
Chambersburg PA
CBHW081528240526
45465CB00030B/3282